not only passion

not only passion

# The Mystery Method

How to Get Beautiful Women into Bed

## 把妹達人之 謎男方法

作者＝謎男（Mystery） 譯者＝李建興

dala sex 019

# 把妹達人之謎男方法

**The Mystery Method:** how to get beautiful women into bed

大辣 not only passion

作者：謎男（Mystery）

譯者：李建興

責任編輯：呂靜芬、郭上嘉

校對：黃健和

企宣：洪雅雯

美術設計：楊啟巽工作室

法律顧問：董安丹律師、顧慕堯律師

出版：大辣出版股份有限公司

　　　台北市105022南京東路四段25號11F

　　　www.dalapub.com

　　　Tel：（02）2718-2698　Fax：（02）2514-8670

　　　service@dalapub.com

發行：大塊文化出版股份有限公司

　　　台北市105022南京東路四段25號11F

　　　www.locuspublishing.com

　　　Tel：（02）8712-3898　Fax：（02）8712-3897

　　　讀者服務專線：0800-006689

　　　郵撥帳號：18955675

　　　戶名：大塊文化出版股份有限公司

　　　locus@locuspublishing.com

台灣地區總經銷：大和書報圖書股份有限公司

　　　地址：新北市新莊區五工五路2號

　　　Tel：（02）8990-2588　Fax：（02）2990-1658

　　　製版：瑞豐實業股份有限公司

　　　初版一刷：2007年12月

　　　初版四十刷：2023年5月

　　　定價：新台幣 280 元

The Mystery Method

# FOREWORD
前 言

「嘿，老兄。」

每次都是這樣開始的。然後他會回答我，「嘿，老兄。」

接著我們其中一個會說，「我好累。」

另一個人回答，「我今晚不想出門了。」

「我也不想。」

每次都是這樣開始的——磨磨蹭蹭，拖拖拉拉，猶豫不決，但事情絕對不會就這樣結束。

「我們去找點吃的吧。」

「好啊，速戰速決，我真的好累。」

「這剛才講過了。」

「而且我看起來好遜。」

「我也發現了。」

「閉嘴啦。」開玩笑的一拳打在手臂上。

車子開進停車場，今晚是壽司之夜，每個晚上都是壽司之夜。

兩個女孩走過身邊，好像是大學生。我們努力裝作沒看見，但是桃子味的保濕液香氣在她們身後的空氣中瀰漫不散。這對我們來說太強烈了，毫無招架之力。

他的嘴角露出一抹微笑，開始紅光滿面，眼中閃爍著頑皮的光芒。

「這算你的組合還是我的？」

「我們今晚不是不打算巡視嗎？」

「我知道，可是你看她們。你是型男，超人型男耶，老兄！如果你就這樣放過她們，弟兄們會怎麼說？」

「對啦，不過你是謎男。這套狗屁是你發明的，咱來瞧瞧你的本領，看你有沒有退步。」

她們消失在一家中式餐館裡。

「呃，她們走了。我們去吃壽司吧。」

「這樣更好，現在她們不是移動目標了。」

「好吧好吧，我盡快解決──都是為了你啦，混蛋。」

「我過一會兒再進去掩護你。」

我們其中一個人邁開緩慢、沉重、勉強的步伐走進中式餐館。他假裝正要上廁所，然後突然轉身走過女孩子那一桌。深呼吸，微笑，掉頭從肩膀上往後看。是時候了──向她們丟出一個不經意的即興問題，你在本書中可能讀到的任何一個招式。

女孩們回應的興致平平，這都在意料之中，這是遊戲的一部分。

接著要假裝離開，但是故作思索一下，做個觀察、評論或發問。她們會吃餌，一向如此。然後就是上鉤──用我們細心塑造的人格，用我們以歲月精鍊的幻覺，用這本書中提到的任何技巧──我們的天才計畫，現在也將變成你的。

上鉤，她們上鉤了。不是大魚，而是新朋友。這是關鍵時刻，這是遊戲的重點，這是兩個素昧平生的人捨不得你離開所帶來的快感。

這時另一個人會從外面晃進來，一臉無辜樣。走到桌邊之前先自誇一番，她們也認同。他自我介紹，展現歷經幾千次搭訕之後所磨練出來的贏家性格。我們跟她們坐同桌，但我們表示只能待一會兒。因為時間限制是關鍵，我們運用自如。

我們今晚大概要吃中國菜了。我們吃的東西不是自己決定的，必須見機

行事，總隨著桃子味保濕液、秋季落葉香水、香草味化妝品或玫瑰精華乳液而變動。這是我們的專長，也是我們的使命。我們不只是男人，更是把妹達人。這是我們的天命。這些香噴噴的女人日子過得很無聊，她們需要冒險，需要我們閃閃發亮的個性與事先編排好的價值展示、建立舒適感的慣例與最後一刻抵抗的故事與雙重誘導訊息與秘點高潮技巧。我們需要她們的女性能量，那是我們的汽油！

我們再也不覺得疲倦，全醒過來了，全神貫注於遊戲之中。這才是人生，才是活著，這是我們誕生在這個地球的目的，讓這兩個女孩捧腹大笑，那是天籟之音，本書就是要教你如何製造這種樂音。

我們離開時，手裡握著她們塞過來的電話號碼。

至少這次的結果是如此，因為這是最近發生的一次真人真事。若是在當年，我們會約她們當晚就跟我們出去，至少也會後續電話追蹤。但是我們現在太忙了，生活中已經充滿計謀。我們故意把它弄得很複雜，因為想看看自己可以多誇張——看我們能把社交禮儀、性行為機率、戀愛中無法想像之事的界線推到多遠。我們喜歡戲劇性，但是未必喜歡後果。我們總是能夠倖存，明天又是一條好漢。

以前的我們，生活並非如此。以前沒有後果、沒有劇情、沒有愛，也沒有女人，但我們還是不自由，我們是自己慾望的奴隸，知道外頭的某些傢伙有馬子可以約會，過得很爽；而我們沒有，只能眼巴巴地看著他們，想找出他們到底有什麼特質是我們欠缺的。

人人都渴望自己擁有創意，他們以為要從事演戲、寫作、視覺藝術或音樂才可以跟創意沾上邊，但是還有其他的藝術，像是烹飪和拳擊都算；而謎男的藝術是社交力學。他可以像艾力‧克萊普頓（Eric Clapton）彈吉他一樣玩弄整個房間的人，雖然不像吉米‧罕醉克斯（Jimi Hendrix）那麼神，但至少像艾力‧克萊普頓。

我學習這門藝術時，向各路大師們拜師學藝。當年謎男學習的時候，他並不知道有大師，也不知道有這門藝術。他只是純粹地研究人類行為，研究了好多年，直到慢慢地拼湊出結論。圖表、順序、方法、術語，每天他的腦袋瓜子都圍繞著這些社交互動的謎題，直到優雅又整齊地組合出每一塊碎片。就像艾力·克萊普頓，我早就不聽他的音樂了，因為我認為他被高估了。謎男則否，目前還沒有，當總有一天搭訕成為新興全民運動時，他也會被神化。

見識到他的神技那一天，我的人生徹底改變了，我發現寂寞的病是有解藥的。

解藥就是謎男方法。

你覺得膩了嗎？來迎接你的新生活方式吧。

尼爾·史特勞斯，於維也納，2006

# PREFACE

自 序

如果你到現在還不採取行動學習如何吸引女人，大自然會毫不留情地淘汰掉你的基因。知道嚴重性了吧？

　　好，因為吸引女人是件很嚴肅的事情，你也同意這個說法，否則你根本不會拿起這本書。然而這件生死攸關的大事，並不表示其中的過程不能很好玩啊！

　　如果你想當億萬富翁，你需要一套周延的財務規劃，是吧？如果你想變成型男，也需要一份外型改造計畫。那麼，如果你想讓雜誌拉頁或電視MV上的那些正妹躺在你的懷裡或床上呢？這時候，我發明的《謎男方法》就是你最需要的遊戲計畫。如果你願意，我可以當你的私人教練，確保你徹底學會把妹絕活！

　　大家都知道，我跟一些世上最美麗的女人交往過，我一點兒也不愧疚（其實肉體之美只是我尋求女伴的眾多特質之一）。我從不把自己當作是把妹達人，你也不應該；但是當朋友問起，到底如何把到這麼美的女友時，總是讓人很爽。所以，我開始私下傳授他們把妹技巧。他們也很快地有了美麗的女友。

**但願求愛藝術豐富你的人生，而非限制它。——謎男**

　　這些年下來，我跟朋友的非正式討論，竟演變成勁爆的研討會與「實地行動」的現場教學。我真的帶領弟兄們進入夜店與其他社交場合，當場訓

練他們如何有系統地接近並吸引女人。我幫助過全世界成千上萬的男人學習他們老爸沒有教的事。

現在，我非常榮幸能跟你分享關於我鑽研了十多年社交力學與搭訕技巧。《謎男方法》的目標是大幅提升你的學習曲線，讓你省下好幾年的挫折與寂寞感。

踏上精通求愛藝術的康莊大道吧！


我愛大家，

謎男

mystery@themysterymethod.com

如果你無法吸引女人，按照字典定義，
你等於沒有生殖能力。

——謎男

# 01

## THE MYSTERY BEHIND CASANOVA
大 情 聖 背 後 之 謎

如果師長們按照各學科的重要順序教導男性學習「智慧」，那麼，歷史課便不會談到希臘哲學家與古代神秘主義、總統與君王、戰士與將領。而是把焦點放在史上最強、最成功的大情聖卡薩諾瓦身上。此人1725年出生在義大利的威尼斯，逝世於1798年，最重要的數據是：據他自己統計，在這七十三年的歲月裡，他曾以神職人員、軍人、小提琴家與魔術師的身分環遊歐洲，過程中跟122個女人有過性關係。在十八世紀的法國，沒人比他更有搞頭。

但是卡薩諾瓦並非來者不拒。他眼光高得很，只跟那些值得勾搭的女人上床，也就是那個時代的「完美10分」跟「將近10分」：就像是在莫札特獨奏會上，出現一位類似《運動畫刊》（Sports Illustrated）的泳裝模特兒，穿梭於大大小小的社交場合，頂著精心設計的三呎高髮型，小心翼翼地從半掩酥胸的摺扇上方窺視著人群。她們是社會地位最高的超級正妹，除了皇室幾乎無人能及。

別管莎士比亞的十四行詩、蓋茨堡宣言或《戰爭與和平》了——如果卡薩諾瓦留下的不僅是一部自傳（該書已經風靡至今），而是他逐步詳細解說的情場指南大全，一定會成為史上最流行的文本，僅次於《聖經》！

哪個男人會不想學習把妹的秘訣呢？看看《印度愛經》的永恆魅力就知道了。想像一本沒有奇怪的性愛體位，而是讓正妹一下子就被你吸引的超級秘笈——就是你手上這本書。

我是謎男，我寫出了這樣的指南。身為全世界最強的把妹達人，我可說

是現代版的卡薩諾瓦（雖然我的征服人數已經超越了他）。我像這位前輩一樣熱愛女性，事實上，我愛上了她們每個人。但是這並不會讓我變得獨特，讓我獨特的是我所精通的把妹技巧。我的愛不會毫無回報，我將在這裡教你如何獲得同樣的成功。

## ■ 得 到 女 人 的 步 驟

求愛藝術（Venusian arts）不僅被排除在你的學校課程之外，可能也是你成長過程中，老師們唯一不企圖塞進你大腦裡的東西。老實承認吧，當你在學校學代數時，心裡真正關心的數字其實是穿緊身毛衣的女同學三圍，還有她的電話號碼。這些數字才值得你去費心啊！

這時《謎男方法》就派上用場了。想改善健康的人，需要一套步驟——或許是新的飲食習慣與養生方法；想要致富的人，需要一套創造財富的步驟——或許是全新的投資規劃；同樣地，在男女關係中，想要左右逢源的人，自然需要一套高成功率的社交步驟；而我，發明了它。

這是一本讓你們領悟社交互動模式，還能實際操作的教科書。這套知識稱作「社交力學」，是我的畢生絕學，特別適用於把妹領域。它的意義不只是誘惑與征服異性，也是指導世間男女交友的方法。

但是別搞錯了，它的主要優先目標仍是夢想不到的上床機會，如果那是你要的。而且像卡薩諾瓦一樣，不僅是上床，甚至跟那些一向高不可攀的正妹們交往。對卡薩諾瓦而言，那些人是指上流社會的名媛貴婦；對你而言，我說的是踩著細跟高跟鞋走伸展台、跟運動明星與名流交往、出現在《花花公子》與《MAXIM》雜誌上的人。

你可以把到她們，謎男方法能夠幫你做到！

## ■ 精 通 求 愛 的 科 學

《謎男方法》提供一套循序漸進的「求愛」遊戲計畫,「Courtship」這個古雅的舊詞彙,是指進行一連串動作之後,男人把到妹上床。在我之前,從來沒有人把求愛行為定義為由好幾個階段組成的預設架構。

經過多年研究與實驗,我理出了一套流程,從認識一位你感興趣的女人開始,進而幫你培養出一種影響力(不是操弄,兩者間有很大的差異),讓你跟她之間建立吸引力。這個概念非常重要:要誘惑對方前,先要吸引到對方。擁有吸引力固然重要,但這並不是終點。接著你必須為對方營造出舒適感(你會發現這兩者同等重要,以便達到最終目標:上床)。我教導「求愛」的時候,建立吸引力與舒適感的過程可能會發生在好幾個地方,例如酒吧跟餐廳,這都是通往最終目的地(可能是你家的床或飯店的房間)的過渡站。但是,除非你在建立舒適感階段的末尾製造興奮感,然後引誘對方發生性關係,否則什麼都不會發生。

這就是《謎男方法》的用處。它是一套我十三年來不斷嘗試錯誤才研究出來的高階法則,因為我別無選擇。我剛起步的時候,市面上並沒有像你手上這樣的一本指南書,也沒有機會買到相關書籍、參加研討會或用Google搜尋到「把妹達人」,我唯一的武器就是無知與慾望,只能直接一腳踏進「現場」,因為所有女孩子都在那兒!我一步一步學習如何「開場」。學會如何開場之後,又從經驗中發現,公共場合裡的大多數正妹幾乎從不落單,所以我必須精通打入陌生團體的技巧,以此類推,直到我誘惑女人的理論變得容易理解、經過驗證,而且可行性高。

老實說,如果我出道的時候讀過這樣的指南書,我會省下充滿痛苦與困惑的七年光陰。

從概念階段起,《謎男方法》就有我的一些密友協助歸納整理,他們大

多是我的昔日門生，因為被我的技巧吸引，後來自己也修練成高強的把妹達人。而我也從他們身上學到了不少，他們在現場的觀察，改良了我的方法論。《謎男方法》就像其他自我成長與個人改造的系統，隨時在不斷進化中，這個過程將永無止境，因為使用這套方法的人也在不斷改變。為了與時俱進、符合最新的實證資料，我每隔半年就做一次系統翻新，從未間斷。你可以在 www.mysterymethod.com 網站上追蹤我們的進展與新發現。

## ■ 破 解 把 到 正 妹 的 密 碼

如果你遵循本書所敘述的方法，應該能夠在四到十個小時內吸引到你遇見的任何女人，無論她多麼美麗、多麼遙不可及。誘惑的平均耗時大約七小時，這就是我所說的**七小時法則**（Seven-hour Rule）（請記住，這七個小時未必是連貫的，雖然也有可能一氣呵成。

在七個小時內誘惑任何女人……這怎麼可能？謎男方法之所以有效的原因，就是它對求愛自然流程（從邂逅到性交）的解釋，適用於你聽過、讀過、體驗過的任何愛情狀況。它反映出共通的真理與事件的自然過程，這是回溯我的成功經驗時所發現到的。我經常出擊，「塑造」一個女友，然後想，呃，那現在怎麼辦？那就是我釐清求愛的各種認知模式的方法。

好吧，你或許正在想，誰不想跟正妹建立吸引力與舒適感，但是每次接近時，還沒說完兩三句話就被打槍了。事情是這樣的——而且是謎男方法最驚人的秘密，因為它完全違反直覺，完全顛覆你這輩子原以為吸引正妹該做的每一件事。為了能留在正妹面前以便嘗試誘惑她，你必須先讓自己看起來不像是要把她。如果不這麼做，她會光從你的接近就知道你的意圖，反而讓她提高自己的身價。換句話說，你會被貶低，而且會踢到鐵板，不僅因為你肖想接近她，也因為你是個好人。這時候，你已經傳送出

「我不配」的訊號了。

我會教你如何利用謎男方法避開這個陷阱。你不會陷入一群立刻就盲目認定你是潛在追求者的女人之間，而是學習如何在最初的五分鐘內贏得她們的青睞，讓你有機會向她們**展示高度價值**（demonstration of higher value）。

本書會有章節教你如何展示高度價值，從**扮孔雀**（peacocking，指誇張的穿著）與**預選**（preselection，對著「目標」展示其他女人，通常能造成她們的嫉妒，有助你進行誘惑），到**社交認證**（social proof，讓她團體中的其他友人對有你高度評價），到**否定**（neg，溫和的負面敘述，讓你的目標解除戒心、質疑自我價值，相對地增加你的價值）。甚至有特殊段落教你向**受雇槍手**（hired gun，專指因為美貌而受雇的人，包括暖場舞者、酒保、脫衣舞孃、女公關與模特兒）展示更高的價值並且搭訕（相關術語詳見書末「把妹術語一覽表」）。

事實上，整本書從頭到尾、從邂逅到上床的求愛架構中，都填入了求愛藝術的絕招，讓你可以完成每個階段的目標。我更在本書加入第三個層面，告訴你如何塑造個人特色的遊戲技巧，幫你創造並傳達出一個適合你展現高度社會價值的身分。

### ■ 打 造 謎 男

我敢示範給你看，是因為我自己試過。信不信由你，我年輕時其實超害羞的。所以我迷上魔術，它提供我一副社交面具，我喜歡躲在它背後，在我跟人們互動時保護我。

我的轉捩點發生在將近20歲的時候，當時我去了佛羅里達州，計畫在遊艇上表演魔術。在我被排進遊艇的節目單之前，卻發現在餐廳與酒吧表

演可以賺到更多錢。事實上我在餐廳的表現十分順利，後來根本就懶得上船。更重要的是，這次經驗讓我學到一些重要的概念，例如在那種情境中，你不可以直接走到一桌陌生人面前問：「呃……嗨，你們想看魔術表演嗎？」這種情況下他們最容易說出的答案就是拒絕。所以我必須想出一大堆扮酷的技巧——這樣他們就會真心希望我留下來。然後我必須內化這些自行研發的規則，不斷重複演練，好讓自己越來越進步。最後，我發現自己擁有了一套真的很厲害的社交技巧。

後來，我又發現把魔術抽離這些慣例，仍然具有同樣的衝擊效果。我越來越擅長瞎掰故事與台詞，好擄獲團體的注意力，這些又變成構思慣例與**罐裝材料**（canned material）的基礎。然後我開始傳授給我的朋友。

他們都學會了，你也可以。或許你會想：對你有用，但是對我一定沒效啦，因為我是怪胎。別擔心，我也曾經是怪胎。大致而言，怪胎都是聰明人，只是沒把智慧應用在社交情境罷了，所以他們在社交場合裡會顯得有所缺陷。我們周圍的社會乍看之下相當混亂，不過，如果你把所有人類看成美麗優雅的生物機器，具備成熟的行為系統以便拉攏他人、極力擴大生存與繁殖的機會，那麼了解人性與自己在其中的地位，會變得比較容易。

不只我自己是個怪胎，我還傳授謎男方法給其他的怪胎！你猜怎麼著？他們再也不是怪胎了，你也一樣。有我當你的朋友與導師，你會開始上載求愛藝術的程式到你的行為系統，然後經過不斷練習與內化，讓你能夠不假思索，在適當的時機自然而然地施展出來。閱讀這本書，等於是跟內行人朝夕相處。

即使你的異性關係因為外型欠佳（無論是否如此）所阻礙，這本書也會為你創造奇蹟。事實上，你不必太擔心怪胎的問題，因為女性體內標準化的「吸引電路」認定男性魅力的主要標準不是外型英俊或體格強健，而是社會價值。所以，證明你是「部落首領」，比你的外表重要多了。

容我解釋，女性的天職是**生存**（survival）和**繁殖**（replication）。為了達到目標，她會投向任何可以幫助她生存與繁殖的人。那個人的生存繁殖價值（以下簡稱S與R價值）越高越好。即使部落的權力首領又老又肥又禿，但是投靠他可以大幅提升生存繁衍的機會，因為他有能力保護她。用現代的比喻來說，你一定常看到前凸後翹的大美女，手挽著駝背、幾乎走不動的老頭。你我都猜得到，這老頭一定擁有一家夜店或一棟豪宅之類的，肯定不會是在洗車場打工。

如果你的外型並不起眼，我會教你如何成為你自己家族、社區與交友圈裡的「部落首領」。即使要花好幾年才能做到，這仍是你必須做的事。

如果你不是怪胎，外型也OK，卻因為害羞總是無法成功吸引女人，別擔心，我也曾經很害羞。謎男方法的好處之一就是，至少剛開始時，你可以躲在一大堆慣例與罐裝材料後面，用它們當作社交互動的工具，輕鬆享受你的社交實驗。然後，我會教你如何自我教育並培養社交智慧。

害羞只是表示你害怕跟其他人互動。如果你很寂寞或心情不好，這些情緒存在是有理由的，它能激勵你提升自己生存與繁殖的機會。你必須結交具有S與R價值的其他人。謎男方法源自進化行為心理學，會幫助你服從大腦的設計，掙脫害羞的束縛，大幅改善你的人生。

我說過，我小時候非常害羞。但是藉由無數次的搭訕，我認識了許多人，發現到互動的模式——每次社交互動中發生的事件都有順序。當我學得越多，準備得越充足，就越不害怕。這就是本書的目的：用你最習慣而且獨一無二的方式與步調，讓你在準備好的時候改善自己的人生。

話題回到這一章的最後重點，我為什麼選擇卡薩諾瓦當作模範角色，而不是唐璜（Don Juan）之類的其他人？畢竟唐璜因為睡過幾千個女人而出名（或是惡名昭彰，視個人觀點而定），而卡薩諾瓦根據自己的統計只有122個。但我偏愛卡薩諾瓦，而且讓他至今仍大受歡迎的理由是因為他很

挑。卡薩諾瓦把的都是很美、很有格調的女人；而虛構出來的角色唐璜，則比較像是好色鬼，基本上任何活著、會動的東西他都上。如果能選擇的話，我寧可追求少一點女人，因為我說不的次數遠超過說好的次數。

記住這點，翻到下一頁，跟我一起通往把妹達人境界的旅程吧！

# 02

## THE ULTIMATE PURPOSE OF LIFE
人生的終極目標

## ■ 人 生 的 終 極 目 標

不能生存，就沒有生命。

　地球上的所有生命都被進化過程設計成必須繁殖後代，這是大自然亙古不變的**生存動機**（engine of survival）。

## ■ 人 生 的 第 二 目 標

　人生的主要目標是生存，第二目標則是繁殖。以人類來說，物競天擇會以繁殖的方式容許基因產生變異。就像受限於爛隊友的籃球好手，必定會脫隊加入其他更好的球隊以便贏球，優越的基因也一定會逃離低劣的基因

伴侶，爭取機會加入較優秀的基因團隊以便繼續生存。這種逃脫的模式叫做「異種交配」（crossbreeding）。

連續好幾個世代下來，異種交配終於產生了你——我是指你的基因——隨時因應物質社會與生活環境中的種種變動，以便增加你生存的機會。

簡單地說，繁殖就是一種永續生存的方式。

## ■ 你 這 一 生 的 目 標

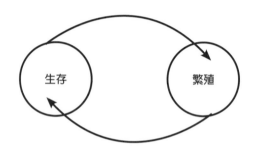

你是一部生物機器，這輩子的目標很簡單但並不單純：活下去，並且去·愛。為了成功地異種交配，你必須了解目前並沒有革命性的醫學奇蹟，總有一天你還是會掛掉。

問題：不要計算，憑感覺作答——你認為美國人的平均壽命有幾天？

A. 幾萬天？

B. 幾十萬天？

C. 幾百萬天？

D. 幾十億天？

選好答案之後再看下去。

答案：（A）幾萬天。事實上，精確數字只有28,251天*。

平均而言，你有28,251天度過這一生。即使你能活到一百歲，還是只有36,500天而已。

這個宇宙只要求你做兩件事：好好活下去並且繁衍子孫。你的挑戰就是在有限壽命自然終結之前生下後代。最合邏輯的行為模式很簡單：

· 藉由訓練與專注，體認到加速學習曲線的需要。
· 向別人學習有用的生存與繁殖策略。
· 藉著練習與訓練，把這些知識內化成本能反應，應用在現實生活中。

有很多方法可以幫助你生存，其中一種就是學習武術；也有很多方法可以幫你繁殖，其中一種就是學習求愛藝術。

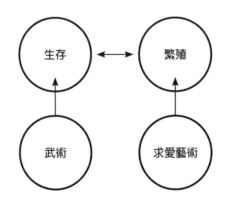

武術（martial arts，戰爭的藝術）其實是自衛的藝術，也是有助於生存的訓練。

MARTIAL：（羅馬的戰神）屬於、關於或適合戰爭或戰士的。

---

\* 註：根據2002年美國國家保健中心統計資料。

**求愛藝術**（venusian arts，愛情的藝術）是認識陌生女人並且成功跟她展開親密關係的藝術，也是有助於繁殖的訓練。

**VENUSIAN**：屬於或關於金星的、羅馬的愛與美的女神。

## ■ 為 了 生 存 或 繁 殖 而 訓 練 ？

　　贏得戰鬥不只是先下手為強這麼簡單，任何武術家都知道，天生比較強壯的人不一定永遠打贏。事前的準備和訓練，可能才是生死關鍵。

　　同樣地，成功展開一段性關係不只是靠外表。巧妙地執行一個完善的遊戲計畫，事先列舉出所有可能的變數，或許就是成功繁殖或被無情地消滅基因的差別。雖然兩者完全不同，但是武術與求愛藝術也有很多共通點：

‧兩者都是動態社交互動的訓練，對許多人而言，都是一種生活方式。
‧兩者都需要熟練，武術家用腰帶顏色區別，求愛專家用花俏飾品區別。
‧兩者都是整體精神力量的體現，均透過肢體表達出來。

　　其中的差別就在，用武術來「社交互動」有時最好能免則免，而求愛藝術的社交互動，則是成功的先決條件。

　　李小龍的截拳道是武術，相對地，謎男的謎男方法是求愛藝術。李小龍是傳奇的武術家，或許是史上最偉大的一位。但是他的人生成就讓他領悟到，武術對他而言只是功德圓滿的一半。大家都知道，他也追求其他具有社會意義的東西。他是個演員與名流，也是個好領袖與模範角色，又是好老師與好爸爸。他的形象不只是個武術家，根據他的其他社會角色，他也是個把妹達人……而且很強。

## ■ 動 態 社 交 平 衡

所有社交動物，包括人類，都生活在兩項矛盾利益的持續壓力之下：保護自己不受侵害，同時與他人結盟。當這兩項利益取得平衡，就稱爲**動態社交平衡**（dynamic social homeostasis）。

如果男女雙方過度自我保護，足不出戶，繁殖就不可能發生。反過來說，如果男女兩性都天真無邪，從不擔心自己與對方的其他追求者，也就不需要求愛藝術了。過度防範或親近別人，就無法達到動態社交平衡，生存與繁殖的成功機率也會降低。

一開始促使我們達成動態社交平衡的是什麼呢？就是讓人類異於猿猴的三釐米漩渦狀灰色物質，稱作大腦皮質（cerebral cortex）。經由物競天擇，這是進化過程讓你的心智強烈表達情感，而且有助於生存與繁殖的方式。「表達情感」專指一種行爲概念，亦即你的情感在執行演化過的實證策略，讓你盡量接近這個完美平衡狀態。

因爲人口爆炸，這一點變得越來越重要。現在我們比人類歷史上任何時代更需要社交智慧。畢竟，人類在地球上最大的威脅不再是被猛獸吃掉或被洪水淹死，而是在人生競賽中被別人打敗。我們跟別人的互動，就像河流與樹木一樣都是環境的一部分，而且我們已經適應、進化，以越來越成熟的情感電路去探索這些未知領域。這些電路的用處，就是當我們飄離太遠時強迫我們回到平衡點。

## ■ 生 物 機 器

如前所述，你是一部生物機器，雖然極度先進又複雜，但你仍然是一部舊機種。

簡單地說，大自然並沒有把你設計成符合你現存的這個世界。

最近一百年左右，我們的物質環境相對改變極少。當時跟現在一樣，藍天綠地，有時陽光普照，有時陰雨綿綿。劇烈改變的是我們的社交環境。也就是說，因爲科技與醫療的進步，使我們生活在空前的人口爆炸中。於是，地球歷史上從來不曾像現在有這麼多構造類似的人體機器並存著。

撰寫本書的時候，地球上估計有64.5億人口＊。專家預測只需再卅年，這個數字就會逼近百億大關。

我在1970年代出生時，地球上有四十億人，卡薩諾瓦活躍的十七世紀中期，只有七億五千萬人；一萬年前的總人口只有三千萬人，比現在的加州人口還少。回溯歷史到大約十二萬年前，整個地球上僅有一萬到四萬人。

我們爲了生存與繁殖而做的奮鬥，發生在不斷變動的社交環境中。自從有人類以來，我們一直面臨著：在不斷增加的競爭者之間，該如何生存與繁殖的挑戰。

物質上的調適永遠趕不上環境的變遷。首先，物質世界得先發生緩慢的變化，然後人體才會調適。我們的生理演化方向是一小批群居的獵人或採集者，但是現在卻是許多人跟幾百萬人擠在大都市裡。我們能夠這麼做是因爲「文化」（工具、語言等等）的發展讓人類能用無數種方式避開物質上的限制，這是動物做不到的。

大自然還來不及重新調適這樣的新社交環境，想想這對人體造成了怎樣的新挑戰——包括成功繁殖關鍵所在的行爲與情感電路。

其實你最適應的是史前時代，人口爆炸前的四十六萬年，現代人（Homo sapiens）剛剛演化脫離其他靈長類的時候。換句話說，你是時代的囚犯，只適合早已消逝的舊社會結構。或許你在漢堡王用餐、搭飛機到處跑、經

---

＊ 註：根據美國統計局人口部門2004年資料

常上網，但你的基因編碼，跟穿獸皮的穴居原始人並沒有什麼兩樣。

## ■ S 與 R 價 值

你不是唯一必須生存與繁殖的人。事實上每個人，包括女人，都具有同樣的本能。只要有助於提升大家的生存與繁殖機率，人們就會組成社會聯盟。我們的擇偶電路其實就是針對別人S與R價值的基因「裁判」。

所有人類都本能地想要避開社交價值低劣或負面的人。反過來說，如果我們主動接近具有較高S與R價值的人，並與之締結同盟關係，無論有沒有性關係，就可能大幅提升生存繁殖的機會。這種人包括：你破產時能借你周轉的有錢朋友、交遊廣闊能帶你進入趴場的人、能保護你免受欺負的死黨、願意跟你上床的健康女人，甚至是教你如何把妹的導師。上述人等都具有較高的社交價值，我們的天性就是要跟他們結盟。

我們可以影響別人來幫助我們，從他們身上獲取價值，但是為了公平起見，我們也必須努力改善自己，好回饋他人。如果一個人從別人身上拿走太多，他／她就會降低別人生存與繁殖的機會。

當女人願意與你在性方面結合，就是同意以她的生育價值換取你的價值。這樣的公平交易可能會持續很多年。

## ■ 接 近 焦 慮

你是否曾經自問，為什麼當你極度渴望接近一位具有高繁殖價值的女性時，卻又同時冒出一股想要逃走的強烈慾望？這種行為似乎不合理又缺乏建設性，畢竟被拒絕又不會少一塊肉。

但是在情感上，被拒絕可能是很慘痛的經驗，會持續幾小時、幾週甚至

幾個月。這種恐懼就叫做接近焦慮（approach anxiety）。

### 恐懼報復

接近焦慮的原因之一，就是女人可能已經名花有主，這對你的利益甚至生存具有潛在的影響。在部落時代，如果你追求一個女人，碰巧她的男人是個影響力強大的人，他可能會教唆一些人往你頭上砸石頭，讓你被野獸吃掉，以確保他的財產。

### 恐懼拒絕

為了完全理解接近焦慮，我們必須先檢視我們所適應的古代環境。在部落時代，任何部落都只有一小撮女人是可以用來繁殖的。如果男人接近其中一人，意外說出或做出顯得低落或負面的蠢事，部落裡的每個女人很可能都會知道這件事。於是，此人對所有女人而言，便不再具有任何S與R價值，再也沒有機會交配，他的基因就被消滅了。而現實世界的社交壓力，其實源自人類的遠古歷史，我們也順應演化，發展出敏感的心理機制，好保護自己免於喪失社交價值。

即使我們的邏輯告訴自己，現代的社會秩序有法律可以保護我們免受報復，但很多把妹達人還是認為：搭訕失敗的恐懼感從來沒消失過，因為這是人類本能的一部分。我們的終極目標不是有信心，而是有能力。

## ■ 馬斯洛的需求層級理論

因為人類所受的制約，每個人都有一套**需求層級**（hierarchy of needs），你（跟你的目標對象）所做的每件事，都是情感上必須迎合它所造成的直接或間接結果。

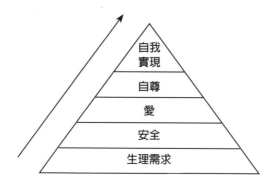

這是知名心理學家亞伯拉罕・馬斯洛（Abraham Maslow）提出的理論，認爲人類的動機來自欲求不滿。更重要的是，他認爲低階需求必須先獲得滿足，高階需求才有可能滿足。

試想：如果你被三明治噎到了，你對氧氣的需求絕對會比對愛的需求更強烈。如果沒人愛你當然很慘，但是你不會馬上死掉。

・**生理需求**：最基本的需求，例如空氣、飲水、食物、溫暖、睡眠與性。
・**安全**：在混亂的世界上建立穩定與連貫性，這在現代社會多半屬於心理層面。
・**愛**：歸屬感的需求。人們都希望被愛、被他人接納。
・**自尊**：這項內在產生的情緒，通常源自擁有能力達成或熟練一項工作，獲得別人的注意、認同與社會地位。
・**自我實現**：我們渴望達成自己能夠達成的一切，滿足了上述所有需求的人，才有可能把潛力發揮到極限。

## ■ 重要的焦點領域

為了滿足你的每項需求與高度進化的情感系統，進而達成人生目標，你必須專注於下列三個重要領域。每當你在其中任何一項獲得成功，心理上就會有幸福感的回報。

這個簡單的模型跟猶太人的喀巴拉教派歷史一樣悠久，在這三大領域的成功，將能確保你生存與繁殖的機會。

- **健康**：指身心兩方面的健康。這得仰賴有效的方法或計畫來維持。
- **財富**：幫助你維持健康和人際關係。你需要棲身之所，穿衣吃飯，額外的生物舒適則有助於你生存與繁殖。房子可以讓你免於日曬雨淋，也是一個性愛的私人空間。交通工具不僅能讓你工作賺錢，並能擴大活動範圍，提升把妹的機會。你需要一份可靠的財富規劃以達成財務獨立，這樣才有本錢玩浪漫的遊戲。加入健身房、治裝、上夜店或餐廳應酬都是要花錢的。
- **愛**：主要指男女情愛，但也可能延伸到朋友、家人、同事。如果你想擁有成功的人際關係，就必須用心研究。

上述任一領域都可能會維持現狀、改善或惡化，你在每個領域的成功程度都可以用一到十分來評估。任何得到十分的領域只需維持現狀，低於十

分的就得想個辦法改善。如果你疏忽某個領域太久，分數掉得太低，整體的生活品質就會惡化。

三者彼此息息相關，而非各自獨立。

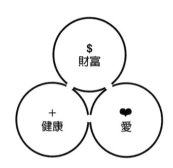

健康、財富與愛彼此有著緊密的關連。在任何一個領域成功都會正面影響另外兩者。事實上，有時候為了改善某個領域，你必須先全心改善另一個領域，例如你維持或改善財務與健康狀況，就可以改善獲得愛的機會。一個健康、強壯、充滿活力的人，在社交中會散發出較高的繁殖價值，也較能夠接觸或吸引到周圍的人。

同樣地，疏於維持任何一個領域也會對另外兩者造成負面影響。當你忽視某個領域太久，反作用可能迅速波及第二個領域，然後又拖累第三個，以此類推。

這種失控的連鎖反應叫做**螺旋**（spiraling），如果置之不理，可能危害到你人生的主要目標。理性地平均分配時間在這三個領域非常重要，才能夠預防向下螺旋與隨之發生的**大崩盤**（great collapse，疾病、貧窮與孤寂）。我看過全世界許多人的人生螺旋簡直到了慘不忍睹的境界。

**忽略健康**：如果你有錢又有良好的愛（人際關係），但是缺乏健康（身心兩方面），終究會減損財富（生產力與體力惡化）與人際關係的成就。不善待自己的人也得不到別人的尊重，不健康的人就是無法吸引人。

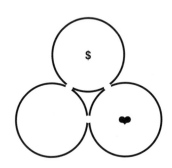

**忽略財富**：如果你很健康又有良好關係（愛），但是財務領域欠佳，終究會喪失資源無法維持愛（例如無法維持生活）與健康（均衡的飲食、健康的環境、運動器材）。能睡在自己公寓裡的大床上，不僅比父母家的沙發來得安穩（健康），也有個地方可以帶女人回來（愛）。

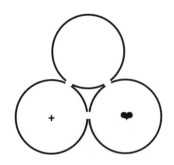

**忽略愛（人際關係）**：如果你又健康又有錢，但是人際關係欠佳，這項失敗會讓你覺得寂寞、自尊低落（心理健康），也會危害你累積財富的計畫。在工作上，你會難以認識新朋友、組成網絡、跟人「搏感情」，這會影響你累積財富的潛力。

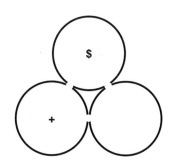

你必須維持或改善人生的三個焦點領域，並維持平衡。如果你的把妹計畫一直得不到想要的結果，就應該全面檢視你的社交生活、健康與身材，還有你的工作。

## ■ 重 點 複 習

· 人生的終極目標是生存。
· 人生的次要目標是繁殖。人難逃一死，在大限來臨前，必須傳宗接代。
· 人的平均壽命只有28,251天，最合理的行為模式就是找出最有效的生存繁殖方式，一直練習到成為本能反應為止。
· 武術需要反覆練習，一旦內化之後，就能改善你的生存機會。求愛藝術

也需要反覆練習慣例與絕招，一旦內化之後，就能改善你的繁殖機會。

- **動態社交平衡**是指自我保護與拉攏別人這兩股動力的平衡狀態。

- 最有利於S與R價值的時代背景，是古代的環境與部落社會的秩序，但那在幾萬年前早已消逝無蹤。而今人們對於性愛的決策多半基於這套情感電路。

- 人們傾向與別人建立**社交聯盟**（social alignment），只要這個聯盟對他們的生存繁殖機會有利。

- 初次接近異性時，男人承受的風險比女人大。在古時候是真有安全顧慮，所以男人至今仍然有**接近焦慮**。

- 如果一個男人已經被其他女人**預選**，女性會認為他比較迷人。

- 因為人類所受的規範，每個人都有一套必須滿足的需求階層，包括生理需求、安全需求、社交需求等等。我們情感上的天性就是要激勵自己滿足這些需求。

- 我們人生最重要的三個焦點領域：健康、財富與愛。任何一項有所缺憾都會造成其他二者出問題。

# 03

REWIRING HER ATTRACTION CIRCUITRY

改寫她的戀愛電路

## ■ 情 感 動 物

邏輯與理性可以決定行動的方式,但是無論男女都常輕易被自己的情感所驅使。我們常常只用自己的知識來合理化這些情緒性的行為,卻忽略了事實。

情感對女性而言,比男人還來得深奧,因為女性的戀愛電路設計較無關於男人會在意的肉體特徵,而是他的社交(與生存)價值,情感才是女性思想與行為的核心。事實上,女人解釋事情時經常會感情用事,「感覺」某件事是真的,就算是足夠的理由了。女人的行為系統就是多了些設計不同的敏銳雷達,因為她們需要評斷潛在配偶的社交價值。所以呢……

### 別企圖說服她

別自找麻煩想說服她、跟她爭辯或用邏輯來跟她交往。邏輯絕對不能用在這時候,因為女人想的跟說的,未必能代表她對現實生活的認同。

### 刺激她的情感

把妹達人對女人應該利用**情感刺激**(emotional stimulation),而非理性對話。只要感覺對了,你的求愛意圖會讓她自己製造理由接受眼前所發生的事。換句話說,女人可以想出不該跟你上床的一百個理由,也能想出應該跟你上床的一百個理由。

## 絕對不要冷淡

女人知道自己在情緒興奮的狀態中有多容易被說服，但在缺乏信賴與安全感的互動中，或是向她搭訕的男人並未適當展現高度S與R價值時，她通常會保持清醒，以避免投入感情的風險。畢竟，讓低價值的男人在情感上影響自己是沒有好處的。所以在情感層面上跟女人互動，即使是涉及到挫折或嫉妒等「壞」情緒，也好過完全沒有情緒。

不要只想著給她「好」情緒，而去避開「壞」情緒，應該要用好奇、著迷、聯繫感、貶抑、認同、歡笑、困窘、快樂、哀傷與失去價值的恐懼等各種情緒去刺激她。她越受刺激，感受就會越強烈。謎男方法的整個A2階段（詳述於第六章）都在講這項技巧。

## 直覺勝過分析

如果女人想分辨你是否對她真心誠意，她不會用邏輯來分析你說的話是否前後一致，而是觀察你是否能說到做到。比起邏輯分析，女人反而更相信直覺。

## ■ 孔雀理論

如同雄孔雀尾部那又長又累贅的羽毛，是它生存能力的價值證明。當一個人打扮得引人側目時，我們會說他／她在**扮孔雀**（peacocking）。這樣能促使別人有興趣跟他／她互動。如果你扮孔雀，女孩子們會多看你幾

---

**女性直覺的作用**

女人經常會尋找你話中的「真正含義」。譬如，你如果講了個關於「朋友」的故事，女人會假設你說的其實是你自己。因為女人擁有所謂的動態社交直覺。

眼，其他低價值的男人則會竊笑並批評你。這表示你會承受比平時更強大的社會壓力，但這也可以轉化爲你的優勢。

當人們認知你已經習慣這樣的社會壓力或者根本不受影響，你就展現了高度價值。即使穿著離經叛道的衣服，還是可以在這個世界上生存下去！女人會想：哇，雖然有那麼誇張的「尾巴」，他還是在這裡活得好好的！她們會認爲這是一種社會優勢。

關鍵在於，人們必須認爲你的個性跟你的孔雀形象是一致的。男人花枝招展地披著羽毛圍巾，左擁右抱美女，被歡笑的朋友們包圍，看起來就像個老大。在場的每個人都會注意他，女人會互相竊竊私語想要被介紹認識他；如果同一個人穿同樣的衣服，卻孤伶伶坐在角落，看起來只會像個社會邊緣人。

同理可證，扮孔雀應該是獨特、強勢地表現高社交價值的方式，否則不僅會喪失預期的效果，還可能當場反過來害到你。一個男人在衆人面前扮孔雀會像老大，兩個人扮孔雀就會像一對同志。所以我出場的時候像個搖滾巨星，但是我的其他朋友只會搭配一件酷酷的服飾，例如新靴子或造型奇特的鏈子，或背後有個酷炫塗鴉的新外套。要成功的扮孔雀必須先下功夫，不論何時，世界上的某處都有謎男方法的老師帶著某人出門採購，幫他找出一個適合他的造型。

你不必一開始就突然盛裝打扮，以我朋友建議的例子，先試著穿戴至少一件外型奇特、足以引人注目的服飾，把它當作**鎖定道具**（lock-in prop），我在第六章會詳細說明這招。更重要的是，如果她們有意跟你展開對話，無論服裝的評價好壞，都可以供女人品頭論足一番。

假設你在跟女人搭訕，她覺得氣氛越來越無趣，可能會突然說：「喔，這條項鍊好酷。」這是她以完全合理的方式繼續互動的方法，同時保留一些**合理的推諉**（plausible deniability），也就是，接下來發生任何事的責任

都在「你」身上。

我有好幾次碰到女人過來對我說她喜歡或討厭我戴的護目鏡，我都會回答：「少來，妳只是被我吸引罷了！」

## ■ 社 會 認 知

你會常聽到女人問男人：「對了，你是做什麼的？」、「你的朋友在哪裡？」、「你是哪裡畢業的？」、「他是誰啊？」各種社會階級對人們有著重大的利害關係，尤其是女人。這包括職業、職位、社會地位、聲譽、社會歸屬與性認同，這些問題的答案，將有助於女人判斷你對她而言是否具備足夠的S與R價值。

### 謹 慎 是 美 德

當她說「不要在這裡」，你要說「我瞭」。

女人的名譽會直接影響她的社會地位。所以女人在度假時比較容易上床，因為她們比較可能陷入冒險的氣氛中，並相信這麼做不會造成社交上的後遺症。也因此，女人喜歡能理解並遵守**謹慎**（discretion）原則的人。

把妹達人絕對不會公開吹噓他的性愛戰績，除非（經過她允許）這麼做能夠提升她的社會地位。如果你四處張揚，話總有一天會傳到她耳裡，而且，任何聽到這件事的女人也會知道跟你發生性關係會有什麼後果。所以當你拿到一個女人的電話，別直接跑到朋友身邊公然地跟他們擊掌歡呼。

### 反 蕩 婦 防 衛 機 制

蕩婦（slut）這個字是女人對付其他女人的武器，以貶低對手的社交價值。

女人對把妹達人有個強力的干擾機制，稱作**反蕩婦防衛機制**（anti-slut defense，ASD）。女人不希望被別人視為蕩婦，也會避免像個蕩婦的彆扭感。所以，女性高度標準化的ASD電路會扮演一種防衛機制，幫助她們避免這種不幸的下場。

要注意你周遭的旁人，因為光是他們的在場，就可能影響你正在搭訕的女人的反應。

## 合理的推諉

女人在被搭訕的過程中不會太主動，以免覺得你們之間可能發生的事是她的責任。無論她感受到責任的輕重，都會啟動她的反蕩婦防衛機制。

所以她需要**合理的推諉**。假如你對她說：「嘿，咱們回我家去打砲吧」，即使她很想答應，還是得拒絕，因為答應就會讓她背負了這件事的責任——她絕對不願意。

但是你如果改說：「嘿，咱們跑趴途中先去我家坐坐吧，我想讓妳看我養的熱帶魚。」這樣她就有藉口與合理的推諉去你家了，然後——很不巧地——跟你上床。「事情就這麼發生了……」

所以意外收穫才會顯得格外浪漫。再怎麼說，如果是註定要發生的事，怎麼可能會是她的錯呢？她怎麼可能抗拒得了命運呢？

## 勇敢行動

在此**勇氣**（Moxie）指的是「有創意的勇氣」。把妹達人必須永遠主導互動，別無選擇。女人很少會對當下發生的事負起責任。

例如，遊戲開場的階段必須讓情況一直很有趣。如果你不努力讓對話停留在有趣的主題上，女方可能會開始聊起的話題——然後她覺得無聊了，而且是你的錯。

要男人負責引導對話似乎不太公平，但我們如果不做，就可能失去女人。如果她覺得在你身邊很無聊，在別的男人身邊比較刺激有趣，又何必浪費時間在你身上？

要創造奇蹟。你要負責製造你們共享的體驗，促成共享的每一刻，勇敢帶領她往前走，無論階段推移、每個階段的目標達成、升高、變換場地或其他事，都是你的責任（你在下一章就會學到如何按部就班地進行）。如果她或你覺得很無聊，錯都在你！

## 堅持到底

這是另一個解除她所有責任的方式。當然，別把堅持跟哀求、爭論、咄咄逼人、黏人或嚇人混為一談。我的意思是「別太輕易放棄」。女人可能會試探你，看你是否會輕易放棄——其實是想探探你的自信心。只要確認她只是象徵性地耍矜持，就繼續引誘下去；要是她不稍微抵抗一下，就會感覺自己像個蕩婦，這種事絕對不允許。如果你承受不了她的羞辱，又怎麼可能保護她免於其他人的羞辱呢？

這種事很詭異——太過積極的男人可能誤會所有的抗拒都只是忸怩作態，最後莫名奇妙吃上強暴官司。然而，不能堅持到底的男人，會在每次女人抗拒時就敗下陣來，而其實許多時候，她心裡是希望男人能再強勢一點的。

## ■ 一 致 性 測 試

女人在情感上首重安全與保障。最重要的是，她要一個能讓她覺得安心、有保障的男人。

如果女人可以挑明了問男人，能否妥善照料並保護她跟她的子女，那事

情就簡單多了。但是，男人爲了上床當然會說謊，所以她必須測試。

記住，她通常不是故意在考驗你，這很重要。她未必在主觀上意識到這一點，只是覺得應該表現出某種行爲，於是就這麼做了。她對你的好感度會根據你的反應而上升或下降。這就叫做**一致性測試**（congruence test）。

因爲她把你當作追求者，才會考驗你。女人才懶得去測試一個低價值的男人，這時她通常會變得很冷淡，然後盡快閃人。所以測試也可以當作某種**興趣指標**（indicator of interest，IOI）。

一致性測試是一把雙面刃：如果你的回應方式正確，她會更加被你吸引。但如果你搞砸了，她會對你更加沒興趣（第七章會教你如何通過她的考驗）。


## 迎合是沒用的

女人會一直逼近進行測試，直到她摸清你的底限爲止。如果她逼近時感受到抗拒，才有可能覺得跟你在一起有安全感。這就是她想要的。如果她感受不到抗拒，那麼她會繼續試探，最後把你踩在腳下，再到別的地方尋求挑戰。

如果女人可以把你踩在腳下，當然無法尊重你。她會有些失望，但又覺得伸張了自己的女性權力，感覺很爽，甚至爲了強化你的順從而獎賞你。乖狗狗。

這裡的教訓是，**讚美一個女人並不表示比較有機會跟她上床**。當男人對她曲意奉承，女人或許喜歡這種自信滿滿的感覺——但她幾乎不可能跟這些男人上床。

## ■ 投 資

你或許是個具有高S與R價值的迷人紳士，但是明天可能會冒出一個跟你條件相當的傢伙。

在當下的情境中，她沉醉於跟你調情的情緒，給了你電話號碼，或許真心打算跟你進一步發展。但是你們一旦分開，記憶會慢慢消退，新的曖昧也隨之而來。

所以光被你吸引是不夠的。分開之前，必須讓她在你們的互動中付出一些**投資**（investment）。當雙方互動時，她付出的投資越多，就越想在投資中取得一些報酬。

換句話說，她跟你在一起的時間越久、花在你身上的金錢越多、投入越多努力想贏得你的注意與認同，她的情感上與肉體上就會跟你越難分難捨，你就越可能跟她發生性關係。而投資的形式包括：

- **感情投資**：在意圖不明或S與R價值低落的男人身邊，女性不願意讓自己有情感上的弱點。女人都知道，一旦投入真感情，就會變得更難抽身。
- **肉體投資**：接吻比牽手是更大的投資，上床又是比接吻更大的投資。
- **時間投資**：你們在一起的時間越長，她付出的投資就越多。而培養上床所需的熟悉感，平均得花四到十個小時。
- **精力投資**：她有在追求你嗎？人們不會珍惜太輕易到手的東西。她付出的努力越多，投資也就越多。
- **金錢投資**：是你請她喝酒，還是她請你喝酒？

遊戲中的許多戰術不是為了吸引她，而是利用吸引力當誘餌，讓她在你們的互動中投資更多（戰術請參閱第七章）。

## ■ 彆 扭 與 衝 突

女人通常會避免彆扭與衝突。這聽起來像是常識，但是這點對遊戲是否能成功非常重要：

· **要有開放、正面的態度。**不要論斷或嫉妒他人。
· **不要表現得慎重其事的樣子。**沒什麼大不了的。
· **不要抱怨或用情感來懲罰她。**如果你在電話中對她發飆，她會乾脆不接你的電話。當她出軌時，不要變成愛抱怨或尖酸刻薄的男友，你要有其他的備胎選擇。
· **如果她疏遠你，下次見面時不要拿這件事來質問她。**你是個會枯坐生悶氣的人嗎？還是另外找個女人，然後忘了這回事？

## ■ 好 玩 與 刺 激

如同避免彆扭，女人也會被好玩與刺激所吸引（當然是在確定安全無虞之後）。正妹經常出現在遊艇上、舞池、派對、昂貴的名車裡、在壞小子或有錢闊佬身邊，因為這些都比跟好好先生相處有趣多了。為了避免這個下場，你必須：

· 當個風趣又輕鬆的人，勝過假裝強悍或是「太深奧」的人。
· 對女人要有挑戰性，她們很重視挑戰。
· 要稍微難以預測，太容易掌握會造成她對你態度輕慢。
· 懷抱熱情，多參與各項活動（請參閱第八章的「建立鮮明人格的提示」）。

‧拓展你的社交圈，投資時間與和精力去培養人脈。

讓女人留在身邊是個主動的過程。贏得芳心之後，不能只是把她當玩具收著，想玩才拿出來。她需要適當的愛與關注、刺激、魄力，加上其他無窮無盡的東西。女人永遠不會完全滿足，但是可以讓她欲罷不能。你的目標不是跟她上床，而是讓她愛上你。

## ■ 女人了解社交力學

女人真是美妙的生物，但她們可不是純潔與道德的天使，她們跟我們一樣是凡人。你可能經常在現場發現女人說謊或耍手段。她們可能表現嫉妒、企圖讓你嫉妒、利用性魅力換取權力、謊報年齡、給你假電話號碼、製造麻煩或毫不猶豫地甩了你，去追求地位更高、更有男子氣概、物質生活更優渥的人。

或許女人通常都充滿同情心，但她們未必都會沉溺於悲傷或掉下半滴眼淚，後悔當初不該甩了你。別太鑽牛角尖，你只是沒有在她們決定是否跟你交往之前，就向她們展示足夠的S與R價值。這就是遊戲的一部分。

我旗下最頂尖的講師之一鬥牛士（Matador）跟我說過這個故事：有個學生來上他為期三天的謎男方法課程，第一天晚上，他感興趣的女人根本不鳥他，第二天晚上，他又碰到那個女人，憑著他在當天學到的高級技巧，局勢很快就變成她渴望他收下她的電話號碼。

同一個的男人，同一個的女人，卻有不同的結果。

## ■ 評 價 女 人 的 外 表

男人在女人身上尋求的繁殖價值超過生存價值；女人向男人尋求的，則是生存價值超過繁殖價值。事實上，在注重健康美麗的美國，女人的本性或許令人不敢恭維，但她們都清楚自己的社交價值多半從外表來評價。

把妹達人利用一套十進位評價系統來為女性的外表評分，6分是差強人意，10分是像超級名模一樣性感，6分以下則不予置評。可想而知，女人或許會覺得私下被人用數字稱呼是性別歧視，例如7分或9分，不過性別的偏見或歧視，跟外在認知的生存與繁殖價值無關。這是兩碼子事。

女人跟男人都要接受人性的基本現實：能否明智地判斷別人的社交價值，直接影響到他們的子孫能否擁有較高的S與R價值。

不同分數等級的女人，行事反應各有不同，所以把妹達人得評估一個女人的客觀社交價值，並依此設計遊戲的策略。此外，男女兩性都會根據認知到的社交地位相對差異而有不同的反應。例如，尋求和諧關係通常是跟一群7分組合展開對話的好方式，但是碰到一群10分的組合只會被打槍。如果裝得很驕傲難搞，9分跟10分最吃這一套，但是對6分和7分就不太行得通。

謎男方法強調的是，提升一個人的長期社交價值，旨在吸引10分的女性。事實上，跟算不上美女的人互動時，還得稍微放水一點，否則她可能會用拒絕你來確保她的自尊。

利用拒絕男人來獲取自尊上的立即滿足，比起冒險被讓她自慚形穢的男人打槍，實在容易太多了。

## ■ 貓繩理論

你怎麼會以為我們只會不由自主去追逐跑掉的人？

——瓦爾蒙子爵（Vicomte de Valmont），《危險關係》（Les Liaisons Dangereuses）

貓咪從來不甩命令，但牠們會受到誘惑而開始追逐。如果你把羽毛綁在繩子末端晃動，就能讓貓咪做出特技表演；但如果你把羽毛放在貓咪面前，牠只會嗤之以鼻，這不是很有趣嗎？

貓咪永遠充滿好奇心，尤其是對球、橡皮筋、貓薄荷、食物、綁在繩子上的羽毛等亮晶晶的新奇東西。牠們很容易分心，但是一旦試圖追逐某件東西，也可能專注於單一的目標。

我們可以從貓咪身上學到很多。如果你把貓推開，牠會跳回你的大腿上；如果你想抱牠，牠又希望你放開牠；要是牠心情不爽，還可能咬你或抓你一下。貓咪渴望關愛，而且嫉妒其他的貓咪。有時候貓咪會在你身上磨蹭，滿足地打呼嚕——你一定看得出貓咪喜歡某個人的時候。

把妹達人進行搭訕時，會把認同與關注稍微放在目標的可及範圍之外。如果他太容易上鉤，女人會很容易覺得無聊而失去興趣；但是如果他完全遙不可及，她也會失去興趣而放棄。

所以，把小量的誘餌稍微放在她的可及範圍之外，然後一直逗她。

## ■ 男朋友

當女人說「我已經有男朋友了」，十之八九，她真正的意思是「你意圖太明顯了」。

她是否真的有男朋友，一點都不重要。如果她被你吸引，她會故意隱瞞有男朋友的事實，直到你跟她上了床。

　　無論她是否提起男朋友，都不能證明男朋友真的存在——只能顯示她有動機去提起男朋友罷了。

## 女人說她有男朋友的理由

1. 雖然她明明沒有男朋友，但她不喜歡你或者你算錯進攻的時機了。
2. 她真的有男朋友，以她目前的選項看來，她選擇維持與男友的關係。
3. 她真的有男朋友，也願意跟你上床，但是想確認你了解她的情況。她希望謹慎與互相諒解。雖然她可以跟你上床，但是無法立即做出任何進一步的承諾。
4. 她真的有男朋友也願意背叛他（如果你的手法正確，她們通常會願意），但是她不希望有任何罪惡感。這是**合理化**（rationalization）的過程。只要她在跟你上床之前有提到男朋友，她就可以對自己交代，這都是你的錯。事後她可能會後悔，但未必能阻止她不偷吃。
5. 她沒有男朋友而且也被你吸引，只是不希望自己看起來像個沒人愛的輸家。反正大多數美女身邊都有一大群**衛星**（orbiters）：就是表面上假裝是朋友，其實卻很想上她的「好人」。「男朋友」這個字眼有很多種不同的意義，她想的是把衛星當作「備用品」。

　　重點是，不要問她有沒有男朋友，如果她提起了也不要顯出困擾的樣子。這個人可能根本不存在。只要把它當作你太快顯露出太多興趣，因而使她缺乏興趣的指標就好。

## ■ 重 點 複 習

· 情感是判斷價值、製造動機的腦中電路，目的是讓你生存並繁衍基因。

· 人們可能根據情感而行動，再**逆向合理化**（backward-rationalize）。因為女性有高度發達的情感電路，所以特別容易陷入這一點。

· 人們基於S與R價值尋求同儕與配對關係。

· 就演化而言，女性上床承受的風險比男性高得多。性愛對她們也是比較重大的投資。因此，女人具有用來衡量得失的情感電路。例如女人跟新情人上床之前會感受到比較強烈的焦慮。

· 不要自找麻煩試圖說服女人、跟她爭辯，或用邏輯與她互動。

· 女人喜歡什麼或說她喜歡什麼，未必是她在情感（與性愛）方面有反應的東西。

· 如果女人一直**態度冷淡**，表示她刻意阻斷你在她身上玩遊戲。如果你沒有展示足夠的價值或她覺得不夠安全，女人不會允許自己在你身邊顯露感情脆弱那一面。

· **扮孔雀**是指利用引人側目的服飾來放大你在現場獲得的回應。試著至少穿戴一件夠酷的東西，以吸引注意。

· 女人的名譽通常對她非常重要，所以當她相信不會有**社交後遺症**時，比較容易縱情性愛。

· 所有女人都有稱作**反蕩婦防衛機制**（ASD）的強力干擾機制。如果你的手法正確，就可以順利達成而不會觸動女人的ASD。

· 女人通常不會做任何事為跟你搞曖昧負起責任——她需要**合理的推諉**。把妹達人必須負起責任主導情勢並且**勇敢**行動。

· 女人可能用**一致性測試**引發你的反應，然後用直覺判斷你是否言行一致。她為了試探你的底限，好讓自己覺得有安全感。這是本能的行為，

讓她能夠比較精確地判斷你到底是個怎樣的人。

· 大多數女人把男人視爲豐沛的資源，所以光吸引她是不夠的──必須讓她投資在互動之中。

· 女人會尋求好玩與刺激──並且避免衝突與彆扭。

· 不要表現出**慎重其事**的樣子，只要在腦中重複想「沒問題」，直到你眞心相信。無論發生什麼事，沒什麼大不了的。

· 身爲具有價值的男人，就是要追逐夢想、有**鮮明的個性**、過著充滿熱情的生活。

· **十進位評價系統**用來根據女人的外表予以評分，從6到10分，差強人意的女孩是6分，超級名模是10分。

· 當你進行搭訕，讓女人保持在重新認同與拒絕之間。要讓她追逐小量的誘餌，像是貓咪追逐繩子。

· **不要問女人有沒有男朋友，如果她提起了也不要露出困擾的樣子。此人可能根本不存在。**

# 04

RULES AND STRUCTURE OF THE GAME

遊 戲 的 規 則 與 架 構

**謎**男方法包含了幾個面向。首先，**M3模型**（M3 Model）描述了男女從邂逅到發生性關係的求愛過程。其次，**團體理論**（group theory）是將社交力學和M3模型應用在公共場合中會遭遇的三教九流身上。這很重要，因為高檔正妹通常都在這種社交情境中。第三，謎男方法是在現場執行遊戲的方法學。第四，它包括一套經過現場實證、源自這個方法學的技巧，把妹達人稱之爲**求愛藝術絕招**（Venusian arts gambits）。其中包括**否定**（neg）與**假性時間限制**（false time constraint），我會在本書稍後幾章解說。

## ■ 遊 戲 要 在 現 場 玩

遊戲不是在電腦或網路上玩的，也不是在書上玩的，而是在現實世界、眞實人物與眞實情況下玩的。唯有在現場不斷練習，才能培養出直覺與技巧。隨著時間累積，這些方法會漸漸變成你的習慣。經過幾週的反覆練習，方法一旦內化，其實繼續做下去會比改掉容易。你會自然而然地做出正確的事。

爲了達成目標，你必須：

· 把心思放在建立技巧上，而不是認識新女友或「爽到」。要把社交力學當作一套新的電玩遊戲來學習。

・不要執迷於特定一個女人。忘了這三個月來你所朝思暮想的女人吧，你必須先接受訓練。

・吸引新對象比挽救已經搞砸的目標容易多了。（因為吸引可以在幾秒鐘到幾分鐘內發生，上床則大約需要四到十小時。）

## ■ 謎男指派的菜鳥任務

・每週出去練習四個晚上，每晚四個小時。

・每小時平均進行三次搭訕，這樣子每次接近都有充裕的廿分鐘。

　　所以，你每晚會練習到十二次接近，每週四十八次，每個月將近兩百次（第五章會說明搭訕的藝術）。一年之內，你會接近兩千多個女人。

　　過去一年來，你搭訕過幾個女人？

## ■ 標準化與內化

　　在現場一兩週之後，所有的搭訕行為會開始變成一團模糊，新模式也將隨之產生。你原本摸不透的社交行為會變得越來越清楚，也能預測即將發生的各種狀況跟反應。這種強而敏銳的社交直覺，會隨著在現場花費的時間微調，這稱作**標準化**（calibration）。

　　對一個熟練的把妹達人來說，幾乎能預測任何社交挑戰，並有一套應對之道。因為他早就碰過這種狀況了，還用各種不同的反應實驗過，也跟朋友們討論切磋過。因此發現了有效的答案，而且已經在現場演練到游刃有餘了。

　　所以當挑戰發生時，會先冒出答案，然後下意識自動轉化為行動。所有

練習過的行為都會變成反射動作，謎男方法的技巧也是如此。這個過程叫做**內化**（internalization）。

對任何把妹達人而言，即使是大師，標準化都是個永無止境的過程。例如有一次在社交實驗中，我帶了一支大型假雪茄去夜店。為了整體搭配，我也給了朋友們幾支，我們全拿著大雪茄一起出場，以便塑造出我們是一夥人的社交形象。團體作戰比單打獨鬥好多了。

然後，突然冒出一個女人問我：「你幹嘛拿一根假雪茄？」我很驚訝，因為我沒有標準答案。我回答：「呃，我不知道……因為好玩吧？」當時我覺得這個回答很蠢，心想：這道具竟然會有這樣的破綻，但是因為我拿著，就一定會有人問這個問題。我怎麼會沒想到？我怎麼可以沒準備？於是我回家想好了答案，下次當我在現場又被問到這個問題時，就回答：「因為我覺得吸菸很噁心。」──而且吸假雪茄很搞笑。結果我並沒有被趕出組合。

### 女人善於社交，因為她們經常練習

男人要進入這場遊戲，就得主動接近女人。如果他不這麼做，就等於棄權了。女人就不能這麼輕易做選擇。只要她長得很正，無論她喜不喜歡，男人都會自動黏過來，而她只是在場而已，什麼也沒做。因此，女人通常比男人有更多標準化的社交技巧，只因為她們經歷過的搭訕比男人還多。典型的10分美女，在24歲之前可能已經被搭訕過幾千次了，所以把妹達人必須出奇制勝。

### ■ 過 程 重 於 結 果

把妹達人每晚到現場報到，主要是為了精進標準化並且內化技巧，而不

是爲了「追某個女人」或「今晚要爽到」。你必須把眼光放遠，現在的練習都是爲了將來能擁有無敵社交技巧的基本功，讓你在需要的時候運用自如，不需要的時候就收起來。而且，你永遠處於準備好的狀態。

你不能太在乎每一次搭訕的結果，至少等到抵達適當時間點（通常是打進組合後的十到廿五分鐘），再確定你是否眞的很重視這個目標。就像打電動一樣：如果你掛掉了，就按RELOAD鍵重新開始；如果某次搭訕的結果變得對你很重要，將對你的遊戲造成輕微的潛在影響，降低你的勝算。所以眞的不必太在乎。

**把自己的情緒從渴望的結果中抽離，反而比較有機會達到目的。**

就像衝浪或潛水，遊戲過程本身就是你的收獲，包括認識新朋友、探索他們的人生，這些都很有趣。但是，如果你不喜歡探索人性或不帶目的地主動進行輕鬆的社交實驗，你可能缺乏精通這些技巧所需的耐心。

幾個月的練習與現場實驗之後，你會開始精進自己的獨門功夫。你的技巧會讓你享受跟美女打成一片的快感。再也不會被接近焦慮、拒絕、甚至結果所困擾，而是純粹地享受這個過程。


### ■ 性 關 係 的 結 構

每段長期（親密的性）關係都有個起點、中段與終點，也就是：

你所學到關於求愛藝術的每件事都可以歸納在這三個階段之一。

## ■ 求 愛

　此外，從認識到上床的每次求愛也都有起點、中段與終點。完成起點之前不能跳到中段，完成起點與中段之前也不能跳到終點。

　謎男方法只專注在這三個求愛階段，我把他們命名為：

| 起點 | | 中段 | | 終點 |
| --- | --- | --- | --- | --- |
| 搭訕 | → | 中場遊戲 | → | 結尾遊戲 |

　你所知道的每個愛情故事與你過去、未來所經歷的每段關係，都是這三個階段的演變過程。


## ■ 吸 引

吸引

謎男方法的首要焦點不是誘惑，而是吸引。


・吸引（AT・TRACT）

及物動詞：引發接近或接觸，向某人或某物靠近〈例如磁鐵吸引鐵塊〉，或自然而然被刺激感、情緒或美觀所影響，同義詞是ENTICE〈引人注意〉。

不及物動詞：發出重力

語源：中世紀英語，拉丁文是attractus，attrahere的過去分詞，從ad+trahere變成拉近或驅使之意。

・誘惑（SE・DUCE）

1. 說服抗拒或不忠誠的人

2. 通常指用說服或假承諾誘導異端份子

3. 為了性交而行使肉體的誘惑

語源：中世紀英語，晚期拉丁文是seducere，意思是引開某人，從se-apart+ducere變成引導之意。

——韋氏網路大字典第十版

## 吸引的秘訣

吸引是情不自禁的。

——把妹大師大衛・狄安傑羅名言

地球上每個男人與女人的擇偶機制，都內建一些可以量化計算的吸引力開關。男人都以同樣方式自動對《運動畫刊》的泳裝模特兒感到強烈的吸引力，因為她觸動了我們的吸引力開關。我們也可以發明一套方法來觸動女人的吸引力開關，讓她們被動地感受到男人的性魅力。

某些開關得有正當的繁殖價值才能觸動。反過來說，如果有跡象暗示負面繁殖價值，開關也可能瞬間關閉。這就是達爾文主義：比起更年期的歐巴桑，跟年輕健康的女孩交配，更能提高你基因成功繁殖的機會。

我們的開關設計會對下列特質產生反應：臀部比例、胸型與大小、臉蛋與身體對稱，以及其他年輕健康的象徵。因此，如果女人具備並展示出某些特質，讓你的擇偶開關設定有所反應，你會立刻被她吸引，連想都不用想。**事實上，這種事你一點選擇餘地也沒有。**

我要指出有趣的事：

· 男人的吸引力開關設定大多對女人的繁殖價值有反應，只有少數開關對生存價值有反應。

· 女人的開關只有少數對男人的繁殖價值有反應，大多數對他的生存價值有反應。

即使女人的胸部是假的，你還是覺得她比平胸更有吸引力。否則世界上不會有這麼多女人採取激烈手段（例如隆乳）。我們的吸引力電路都設定能夠精密感受到女人的繁殖價值。

所以女人的吸引力電路設定會對男人的什麼特質有反應？我們在現場該如何快速有效地觸動它？

先前我討論過健康、好身材、親切與微笑等等基本特質。現在，讓我們來檢視一個強度很高的吸引力開關……

## 預選

這個開關不僅存在於人們的擇偶機制，也適用於許多動物。落單的公雞很難吸引母雞，但如果在牠身邊放一隻假的母雞，其他母雞會迅速進入牠的地盤與之交配。同樣地，如果女人認為某男士對其他女人有性魅力，可能會立刻覺得被他吸引。孤伶伶站在酒吧裡，看起來就是不像身旁圍繞著美女那麼有魅力。

用這種直接的方式透露出你很吃得開，這只是許多觸動擇偶開關的方式之一。還有其他方法，比如你也可以擦女性香水。當女人問你擦了什麼，你就說：「沒有啊……」然後聞聞自己的衣領，做出恍然大悟的表情說：「啊！」然後微笑。

另一個方法是在臉頰上留個口紅印。就像女人絕佳的臀部曲線讓你感受強烈的吸引力，女人會因為這個超重要的口紅印被你吸引。

還有很多其他方法可以觸動預選開關，也有很多其他開關可以觸動。吸引的秘訣在於了解這些開關是什麼，然後勇敢地火力全開！沒有比這更快更強烈的吸引方式了。（第六、七章都會深入分析吸引力這個主題，以及培養與活用吸引力的各種戰術）

## ■ M 3 模 型

你要能吸引到人，才有可能發生誘惑。不過在誘惑被你吸引的女人之前，有個很重要的附加階段：建立舒適感（第八、九章都在描述謎男方法的舒適感與誘惑階段）。

我們現在知道了M3模型每個階段的重點：

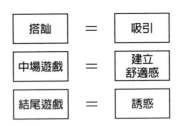

## 誘 惑 是 互 相 的

如果你能跟女人建立足夠的舒適感，讓她能在中場遊戲階段跟你在房間裡獨處，那麼她就會在結尾遊戲階段同意跟你上床。**事實上，她甚至可能試圖誘惑你。**

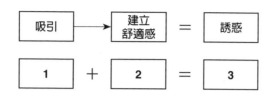

所以，如果你努力製造機會讓她誘惑你，就不必太花心思在誘惑本身。

不幸的是，這都要靠吸引力才可能發生。如果沒有吸引力，她當然不會接受你辛苦經營的舒適感，尤其她經歷過無數個好好先生追求，已經被社會化的話。小心：如果你太早尋求舒適感，只會降低你的吸引力。甚至更糟，你會被困在**友誼區**（friendship zone，我們很快就會詳述）。

複述要點，謎男方法的三大主要目標是：

從簡圖可看出，吸引、舒適感、誘惑的線性關係似乎很單純而且不言自明，但是全世界的把妹達人卻經常因為搞錯M3發生的順序問題而苦惱。

## ■ 四 個 M 3 順 序 的 錯 誤

1. 先誘惑——從結尾開始

2. 先求舒適感——從中段開始

3. 吸引而沒有舒適感——從起點開始，卻跳過中段直接到結尾

4. 只有吸引與舒適感——從起點開始，卻困在中段

## 順序錯誤一：從結尾開始

結尾

| 誘惑 |
| --- |

### 誘惑者

菜鳥最常犯的錯誤，就是在吸引到女人之前就專心誘惑她。這就像把馬車放在馬匹前面。搶先誘惑幾乎等於（尤其對美女而言）是說：「妳不認識我，但是妳願意跟我上床嗎？」你遲早會有時機（與地點）展開誘惑階段，但得先有吸引力與舒適感，更不用說還要保持隱私了。

**誘惑者**（Seducer）誤從結尾開始，就會像普通人一樣，完全無視於女人的舒適感層面。即使誘惑者的外貌具有某種程度的吸引力，也抵擋不了她的不自在感，因為她必須應付既不熟又不信任的人施展積極的性追求。最好在結尾遊戲之前，都別太早透露出強烈的性興趣。

### 愚人的笨招

玩西洋棋有可能四步之內就贏棋，這叫做**愚人的笨招**（Fool's mate）。但是，靠愚人的笨招迅速獲勝並不表示你就是西洋棋高手，頂多證明你的對手缺乏經驗罷了。老練的西洋棋士甚至不會試圖布局，因為如果他的對手不上當，他自己反而會有危險。同樣地，雖然有機會快速誘惑，但社交經驗豐富的女人不太可能上當。在求愛藝術中，我們把搶先誘惑的戰術比喻為愚人的笨招。對照之下，西洋棋士跟把妹達人都會寧可玩**穩當的遊戲**（solid game）。

愚人的笨招或許可以在某些情況下生效，例如原本就喜歡搞一夜情的女人。但是別讓它成為你唯一的必殺技。

## 順序錯誤二：從中段開始

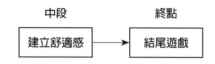

### 好好先生

很多男人都了解搶先誘惑會讓女性覺得不自在，所以他們的做法是先專心建立舒適感。

這些人不懂的是，正妹們天天被那些好好先生疲勞轟炸，搞不好都快煩死了，她們得應付太多黏上來的好人，實在沒空一再耐心回答那些老套的對話。好好先生或許不像誘惑者那麼顧人怨，但是同樣惱人。如果男人一開始沒有吸引力，只會說「嗨，我是喬，妳叫什麼名字？」就會像之前的其他好人一樣被打槍。不被你吸引的女人幹嘛在乎你或記得你的名字？只因為你發問，她就必須透露個人資料嗎？

### 防護罩比喻

如果女人不受你吸引，企圖建立舒適感只會讓她無聊。向她自我介紹、引導她自我介紹、太早開口稱讚她，都是企圖建立舒適感。如果你曾經跟不感興趣的人僵在對話中，就能了解這有多彆扭了。

想像這種事每天要發生好幾次，而且持續好多年。你不覺得最好在這些人開口之前就先把他打槍嗎？長久下來，女人跟越來越多好好先生互動，開始演化出簡單有效的方法來抵擋這些無聊的攻勢。整體而言，這些方法

構成了比喻上所謂的**防護罩**（protection shield，第五章有詳述）。

## 透露性興趣

光是接近她們故作好人狀，等於在暗示你對美女有企圖。如果她沒誤會你是推銷員（或想要乞討），她就會認定你想把她。即使你對她沒有性趣，她也會假設你有，因為你接近她的方式跟其他人都一樣。

　　男：好漂亮的靴子。
　　女：我有男朋友了。

大多數男人都誤會這種冷淡的防禦是女人的人格缺陷。但這招可以輕鬆擊退男人，女人才如此愛用啊。從她的觀點看來，寧可讓一大批她沒興趣的男人認為她是個賤貨，也不要困在當場聽完每個人的廢話。

　　男：妳叫什麼名字？
　　女：滾開。

如果好人講話夠幽默，有些女人還稍微可以容忍，但是對話一旦變得無趣，她們就會閃人。要是這些男人死纏爛打，可能會遭受更強烈的拒絕。扮演賤貨對某些女人或許是一種樂趣，但大多數有防護罩的女人並不會濫用，她們其實挺善良的。

　　男：嗨，妳好嗎？
　　女：聽著，我不會跟你上床的。

如果你不先花時間吸引女人，她就沒有理由要跟你講話，也會強迫她升起防護罩。建立舒適感留到中場遊戲再做，不要急著從中段開始。

### 順序錯誤三：從起點開始，卻直接跳到結尾

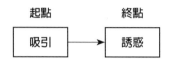

每個起點與終點之間都有中段，M3模型的中段就是舒適感。總會有適合誘惑女人（或被誘惑）的時機出現，但是你要先建立舒適感。

#### 玩家

玩家是指從起點開始、成功吸引到女人，卻無法避免下列三個**玩家陷阱**（player traps）的男人。所以，每個把妹達人都要注意以下陷阱：

1. 無法把互相吸引正當化
2. 忽略了舒適感
3. 事後反悔

#### 玩家陷阱一：無法把互相吸引正當化

女人正到讓你忍不住想跟她交往，這對男人無可厚非。但我們不能讓她知道我們是根據外貌才選擇她，因為這樣很虛偽，顯得我們跟其他普通人差不多。

女人的**興趣指標**（IOI）會提示我們何時可從吸引階段進階到舒適感階段，但是你還不能這麼做，除非她也積極的想贏得你的興趣指標！即使從

女人身上獲得興趣指標，還不足以讓你開始回報，如果你太容易到手，她只會把你當作另一件戰利品，繼續尋找更有挑戰性的目標。

興趣指標的範例如下：

· 她詢問你的名字。
· 她觸摸你。當你說「請勿碰觸高價品」，她又摸你一下。
· 當你抓她的手握住，她也握回來。
· 她對你講的所有笑話都很捧場——包括無聊的冷笑話。
· 你要求她輕咬你的脖子，她照辦了。

你必須先鼓勵她展現能引起你興趣的特質。如果不這麼做，她會懷疑你只是在玩弄她的感情，純粹爲了征服慾才來釣她，反而被你吸引得很不自在，於是很快放棄你。你們在吸引階段的對話會被當作是逢場作戲，而她會認爲你不過是個操弄感情的高手。由此看來，玩家只是擁有厲害開場的誘惑者而已。

成功克服第一個玩家陷阱之後，就可以繼續建立舒適感了。

玩家陷阱二：忽略了舒適感

如果你在建立足夠的舒適感之前企圖誘惑女人，她對你的吸引力開關就會關閉。爲了不讓這種事發生，你必須建立足夠的舒適感，才不會讓她覺得彆扭。除非你建立了足夠的舒適感，不要跨過舒適與誘惑的界線。

要怎麼知道已經有足夠舒適感可以開始誘惑了？累積舒適感平均得花四到十小時，女人才會準備好接受誘惑。（不包括愚人的笨招——如我先前所說，真正的把妹達人要避免這種策略。）判斷時機何在並沒有明確的規則，你累積的經驗自然會告訴你（後面會再談到七小時法則）。

## 案例研究：吉姆與珍寧

### 男方觀點

吉姆認識了名叫珍寧的美女，兩人互相吸引。當晚，吉姆很快地向珍寧調情，氣氛也越來越火熱，但是當時無法轉移陣地到隱密的地方，於是他們交換電話號碼，同意改天再約。他高興地告訴死黨他剛剛認識了下一任女朋友。

隔天晚上吉姆打給珍寧，但她在電話裡顯得很冷淡。他想要說服她依照約定出來見面，而她現在「很忙」。他留言過好幾次，珍寧一次也沒回電。幾個禮拜過去了，他們一直沒有再見面。他既困惑又挫折又寂寞，更糟的是，這個痛苦的模式在其他女人身上一再重演。

這個情境正是條件還不錯的男人，卻落入事後反悔陷阱的典型案例。很多人一犯再犯，喪失了無數的戀愛機會。

到底問題出在哪裡？

事情是這樣的……

### 女方觀點

珍寧很喜歡跟吉姆調情，但是吉姆沒有主動減緩情慾氣氛的升高，好好的停留在建立舒適感階段。她確實想要再跟他見面，但只限於當時而已。隔天吉姆打來的時候，珍

寧並不在前晚那樣的情緒興奮狀態。因為文化上的制約，跟不太熟的人做出那些事讓她覺得有點愧疚。她知道吉姆打來的唯一動機是繼續那件她想起來都很彆扭的事。如果再見面，她不確定他會做出什麼事，會不會毛手毛腳讓她覺得更彆扭？她跟他並沒有熟悉到可以信任他。有這樣的情緒之後，她的決策再次被情緒牽動，連跟他講電話都覺得彆扭，所以珍寧顯得很冷淡，還謊稱她忙得沒空講話。

困惑的吉姆試著挑戰她的理智，珍寧則認為這是企圖操控她。她不想被迫跟一個缺乏舒適感與安全感的人上床，尤其是她根本不興奮。

吉姆很難在電話上改變她的情緒狀態，就他當時所知，很多因素已經變質，珍寧可能剛跟室友吵過架或剛換過貓砂盆。接下來一兩週，他每留話一次，她就更不自在。於是她再也不打算跟這個男人見面了。

吉姆不該責怪珍寧「吊他胃口」，畢竟是他沒有花足夠時間停留在舒適階段，才導致這樣的情況。當牽手升高成接吻（稍後會講解如何施展謎男的親吻絕招），你會很快到達事後反悔的不歸點。

**玩家陷阱三：事後反悔**

　　事後反悔（Buyer's Remorse）是指一個人心血來潮買下了某件東西，事後又反悔的情況。同樣地，被你吸引的女人可能被動或主動地進展得太快。當下她可能沉醉在吸引力與性興奮之中，事後又對自己的情緒或行為反悔。如果你想要到達誘惑階段，必須不計代價避免她事後反悔。

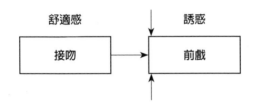

　　注意事後反悔的不歸點，這個不歸點位於接吻轉變成前戲卻沒有營造足夠舒適感的時候。

　　・親吻（kiss）

用嘴唇接觸或撫摸，當作感情的表示（或問候）

語源：中世紀英語，源自古英語cyssan，接近古代北日耳曼語kussen

時期：十二世紀之前

　　・前戲（foreplay）

性交之前的互相性刺激

時期：1929年

──韋氏大字典第十版

留意你在某時點所作的決定，將如何影響一天或更久之後的結果。你一旦越過不歸點，除非你建立了足夠舒適感能帶她到附近的隱密處嘿咻（在她興奮感消退之前），否則她會事後反悔。

只有誘惑者才會帶她到附近公廁裡辦事。想清楚，如果連交往了兩年的女朋友都不太願意跟你在公廁嘿咻，就別指望你剛認識廿分鐘的人會願意，無論她多麼興奮。這是**愚人笨招的幻想**（fool's mate fantasy），不是正確的遊戲。如果你太快逼近到誘惑，可能會喪失大好機會。（除非很難得地你們兩人都願意，那就盡情玩吧。）

沒有性意涵的親密接吻常被使用在舒適感階段。**事實上，如果你等太久才吻她，她會在某個時點失去興趣，讓你錯失未來吻她的機會。**

通常這種「舒適感親吻」持續不超過卅秒，也不會是舌吻。另外，接吻是表達並且建立聯繫感；前戲則是純屬誘惑階段。前戲通常包括法式舌吻，進而變成愛撫，能夠激發雙方性興奮以準備性交。

除非你已經建立了可以自然移轉到性行為所需的舒適感與隱密性，否則最好不要展開前戲。當親吻太快變成前戲的時候，你應該把她推開。這麼做是讓她知道時間和地點都不適合讓氣氛太火熱或太沉重。我知道，陣前收槍非常辛苦，所以許多男人都敗在這裡。

為了避免失敗，問你自己一個非常嚴肅的問題：「我要的是一晚的愛撫，還是無數個夜晚的性愛？」

要判斷是否接近不歸點，就自問：「這是前戲嗎？」如果答案是肯定的，快停手！把她推開。你要建立的是舒適感，不是性興奮。能自我克制的正港男子漢才會說：「哇，我們最好停止。走吧，去跟我們的朋友會合。」「我們的朋友」其實可能是「她的朋友」。這個絕招能表示出你想要進一步認識她，而非只有性趣，讓你建立信任感。現在她對你的性趣已經很明顯了，當你建立足夠的舒適感，並帶她到隱密的誘惑地點，例如你

的臥室，就可以放心了，讓應該發生的盡情發生。

你可以建立親密感並且逼近不歸點好幾次，只要每次到達時你都能夠先推開她。

## 順序錯誤四：從起點開始，卻困在中段

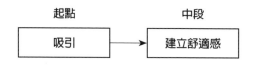

### 友誼區

**朋友**這個字彙在遊戲中有很明確的含意，是指害怕向花了時間去相處的女人表達愛慕之意的男人。

如果你無法在舒適感階段向女人透露你是個潛在的愛慕者，她可能沒這麼強的直覺發現你是。在舒適感階段，你若沒有牽到她的手、嗅她的脖子、親吻她，可能會永遠困在這裡。

事實上，女人可能會對你的無性本質舒適到希望你永遠保持這樣。以致於當你最後企圖跟女人進展到誘惑階段，會聽到她說：「我們還是當朋友就好……」這就被困在**友誼區**（friendship zone）了。

你要先結束舒適階段才能開始誘惑。她也必須對你的性別非常放心，例如親吻她不會讓她覺得彆扭。當你跟她獨處並且展開誘惑階段，可不要讓她被你突發的性趣嚇一大跳。

你要像躲瘟疫一樣避開友誼區，營造一個互相誘惑的機會，這不是錯誤也不是罪惡，畢竟共同建立性關係對她也有利。

有逃生路線嗎？

如果你跟一個很重視的目標困在友誼區裡怎麼辦？還有救？或者一切都完了？我這麼說吧：如果女人在你們互動的廿五分鐘內沒有給你興趣指標，你的第一印象就毀了。如果你們相處廿個小時她仍是個朋友，對任何肢體接觸都覺得彆扭，你就別指望突然展示出高度價值就可能把到她了，因為她已經知道你沒有她想要的那些價值，而且她已經跟你交上了朋友，就沒必要放棄已經到手的價值。

這時候，如果你還是很哈她，唯一能做的就是把自己從她身邊抽離一陣子——然後脫胎換骨再回來。你必須向她展示更高的價值，讓她知道你的S與R價值已經提升了，例如搬進新公寓、買了很屌的新車——基本上就是打造全新的自己，讓她對你刮目相看。最重要的是，你還必須帶著新女人回來，讓她產生嫉妒情節。她原本可以占有你，卻選擇了拒絕，現在機會沒了，她又會想要你。

可別搞錯了：在這個情況下展現高度價值真的很困難，甚至比重新開始還難，因為你現在必須向她證明你的身價真的不一樣了，並不是嘴巴上說說而已。如果你不想搞得這麼累，就安分的跟她當朋友。既然她不認為你有價值，當然就沒搞頭了。快去找下一個新目標吧。


摘要：M3順序不良衍生的問題

1. 從終點開始：愚人的笨招

2. 從中段開始：防護罩

3. 從起點開始，卻跳過中段：事後反悔

4. 從起點開始，卻困在中段：友誼區

## ■ 遊戲地點

以性愛結尾的正常求愛遊戲很少（可能從來沒有）只在一個地理位置上發生。與你素昧平生的女人不太可能跑來敲你的房門，自己送上門來。大自然要求你走出房門，踏進一個比較可能認識女人的地方。可是許多寂寞的宅男都不懂這一點。

你跟你的心儀對象可能光臨（或換場）的地點有三種：

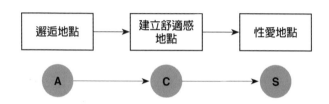

### 地點變換

遊戲中常發生的變換地點（或換場）有三種方式：就是**移動**（move）、**護送**（bounce）與**時間橋樑**（time bridge）。在此僅簡要敘述，這些地點變換在本書的後面章節會有詳細說明。

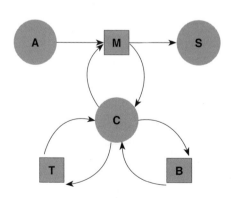

| M | 移動（move）：把女人帶開，到現場的其他區域。 |

| B | 護送（bounce）：你跟女人一起離開現場，一起去不同的場地。 |

| T | 時間橋樑（time bridge）：有時候你無法為情勢加溫，或許外在因素讓你必須跟女人交換聯絡方式，易時易地繼續遊戲，這就叫時間橋樑。 |

## ■ M 3 模 型 的 九 個 階 段

M3模型的三大階段——吸引（Attract）、建立舒適感（Build Comfort）與誘惑（Seduce）——可以各自拆解為三個小階段。在此僅簡要描述，本書後續章節會比較詳細說明這九個階段。

| A1—打開組合 | C1—對話 | S1—前戲 |
| A2—女對男的興趣 | C2—聯繫感 | S2—LMR |
| A3—男對女的興趣 | C3—親密感 | S3—性交 |

| 吸引 | | | 舒適感 | | | 誘惑 | | |
|---|---|---|---|---|---|---|---|---|
| A1 | A2 | A3 | C1 | C2 | C3 | S1 | S2 | S3 |
| **A1—打開組合**<br>男人接近一個組合，執行開場白，並立刻被這個組合接受。 | | | **C1—對話**<br>兩人分享友善的對話，培養舒適感與熟悉感。 | | | **S1—前戲**<br>兩人開始往性交方向進展，如果太早發生，可能會引發事後反悔。 | | |
| **A2—女對男的興趣**<br>男方展示較高的價值，同時顯示對目標沒興趣，她則以興趣指標回應。 | | | **C2—聯繫感**<br>雙方感到「來電」的悸動，發生接吻，這個階段可能延續好幾次約會。 | | | **S2—LMR**<br>最後一刻的抵抗（LMR，Last-minute resistance）是性愛發生之前的不歸點，通常是女人臨陣退縮的時刻。 | | |
| **A3—男對女的興趣**<br>男方引誘女方在互動中投資更多，然後以興趣獎賞她的努力。 | | | **C3—親密感**<br>現在是在誘惑的地點，繼續發生激烈調情，雙方進入臥房。 | | | **S3—性交**<br>必須發生好幾次性交以確保性關係。 | | |

## 整體架構圖

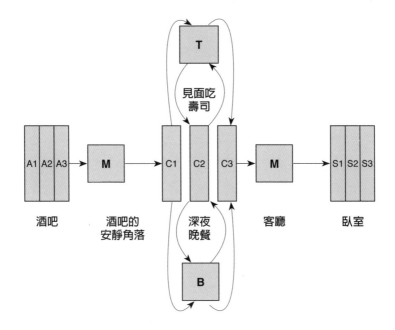

**A1**：手法高明的把妹達人在酒吧利用開場白接近一個組合（一群人）。他看起來毫無企圖，對目標沒興趣，假裝正要離開時經過目標身旁。然後他向組合展示高度價值，越過社交上鉤點，被他們接納了。

**A2**：他繼續利用故事、幽默、模式、慣例、遊戲、看手相、作詩等方法表現他的個性，加上他顯得對目標缺乏興趣，提升了他對她的相對社交價值，升高她的情緒張力。她開始給他興趣指標。

**A3,C1**：他利用欲擒故縱手法，引誘她主動想贏得他的注意力。等她在互動中投資了更多，他就用興趣指標來獎賞她。然後，他把她帶到酒吧的安靜角落，開始建立舒適感。

**C2,C3**：護送她到別家餐廳，加上隔天一起吃壽司的時間橋樑，他在累計七小時期間內建立了舒適、聯繫與信任感。在C2階段中，他們開始親

吻，然後一起回他家。

**S1,S2,S3**：最後，他把她帶進房裡，開始前戲，摧毀最後一刻的抵抗，跟她嘿咻。

## ■ 重 點 複 習

· 遊戲是在現場玩的，快出門吧。

· **MM菜鳥演習**：每週出去練習四晚，每晚四小時。每小時搭訕三次。把結果貼在謎男方法討論區（也要看別人的報告），網址：www.themysterymethod.com/forum

· 遊戲就像打高爾夫或釣魚，你必須享受過程、不抱期待，以便最後獲得好結果。

· 每段性關係都有起點、中段與終點，起點稱之為**求愛**。

· 求愛有三個階段：**搭訕、中場遊戲與結尾遊戲**。

· 謎男方法先專注於吸引而非誘惑。道德上而言，謎男方法的信徒都是吸引者而非誘惑者。

· 每個女人心裡都有一些天生的吸引力開關，被吸引不是人們有意識的選擇，而是開關被觸動之後，自動感受到的反應。

· 當女人看見你已經受到其他女人的認同，就會觸動她的**預選**開關。

· M3模型描述求愛的結構分成三階段發生：**吸引、建立舒適感與誘惑**。開始誘惑女人之前必須先建立舒適感，她願意跟你建立舒適感之前又必須先吸引她。

· 你建立舒適感的時候，最重要的是，要讓女人知道你是個有性慾的男人與潛在追求者，否則你可能困在**友誼區**。

· 有時候，你還沒有建立足夠的舒適感就能上床的現象稱為**愚人的笨招**。

- 女人有些隨著歲月累積的策略，好讓她們迴避一直黏過來的男人，稱作**防護罩**。即使她原本是個和善的人，有時還是會顯得很機車，不過這不是她的本性。
- M3模型的三大階段可以各自拆解為三個小階段：A1打開，A2女對男的興趣，A3男對女的興趣；C1對話，C2聯繫感，C3親密感；S1前戲，S2最後一刻的抵抗，S3性交。
- 地點有三種：邂逅場地，建立舒適感場地與性愛場地。
- 場地變換（或換場）有三種：**移動、護送**與**時間橋樑**。
- **搭訕**發生在**邂逅地點**，包括A1、A2、A3與C1階段，通常至少要移動一次，結尾是護送或時間橋樑。
- 下一個階段稱作**中場遊戲**，發生在一個或好幾個**建立舒適感的地點**，包括C2階段，也可能發生幾次護送與時間橋樑。當這個階段結束，你跟她會在誘惑地點。而且跟她已經有一點親密了（例如親吻）。
- 最後階段稱作**結尾遊戲**，開始是C3，但是很快移轉到S1（**前戲**）。通常會遭遇**最後一刻的抵抗**（S2），這是正常的，然後就是性交（S3）。如果你在建立足夠舒適感之前發動前戲，會導致**事後反悔**。
- 要發生好幾次性交才能確保性關係，在此之前甚至之後，她都會一直測試你的一致性。

# 05

**A1：OPEN**

A 1 ： 打 開 組 合

且開始跟女性組合談話，當下的目標就是達到社交接納點，或是上鉤點。這個瞬間發生在一個組合覺得跟你聊得很開心，而且想繼續聊下去的時候。如果順利，你就成功打開了這個組合，也完成A1階段。這很容易分辨，因為會有**興趣指標**。

## ■ 邂逅地點

　　任何可能認識女人的地點都稱作**邂逅地點**。到處都有可能認識到美女，甚至在馬路上，但是在公共聚會場所比較有機會。例如：

・餐廳與擁擠的咖啡館
・酒館、酒吧與夜店
・擁擠的商店、大賣場與戶外慶典
・派對與聚會

### 潛意識的繁殖議題

　　人們經常公開聚集喝酒、打混、跳舞、購物或用餐。某些人知道自己出門的目的是求偶，但很多人不知道自己的潛意識裡有個隱藏的繁殖議題。雖然女人知道這些場合充滿了煩人的好好先生，但她們大多沒有意識到，自己的情感電路裡也有個繁殖議題促使她們主動社交，例如女人出門會說

「只是去跳舞」。這是個完美的**合理化**範例。

## 美女都在團體裡

你很難在社交場合中見到落單的美女。她們很多都習慣了這些聚會裡好好先生們無所不在的威脅，所以她們會跟信任的朋友集體行動，好避免那種時常發生的公然騷擾。

如果某個邂逅地點能在短時間內提供許多種接近美女的機會，就是個充滿目標（target rich）的地方，反之則是缺乏目標（target poor）的地方。充滿目標的環境，不僅能提高你碰到並吸引到美女的機會，也可以在短時間內提供較多練習社交技巧的機會，大幅加速你的學習曲線。使用謎男方法並不需要夜店或充滿目標的環境（在雜貨店或咖啡店同樣有效），但是在夜店練習起來容易多了。因此，我們的菜鳥訓練營（我們帶幾個小子出去，教他們求愛藝術並且在現場與美女互動）通常是在lounge bar、夜店與餐廳裡舉行。

提早抵達市區內最優的幾個邂逅地點。尤其假日的晚上，去那邊找正妹吧。調整並放鬆自己去適應那個環境，公共場所就是把妹達人的道場。

---

**遊戲專門：受雇槍手**

你應該感謝許多邂逅地點的老闆雇用了美女，因為他們替你完成了尋找美女的艱難工作。這些美麗的受雇槍手包括：帶位的女接待、擲骰子女郎、酒保、促銷模特兒、運動主題餐廳的女服務生、脫衣舞孃或艷舞女郎。我自己跟許多受雇槍手交往過，也喜歡在我的周末研討會以「謎男談受雇槍手」為題，分享跟她們搭訕的特殊技巧（行事曆請參閱www.mysterymethod.com）。受雇槍手遊戲非常有挑戰性，收穫也很豐碩。追求受雇槍手並不特別困難，只是方法不同。

---

## ■ 逼 近

當你到了現場，害羞到甚至不敢跟你眼神接觸的女人可能會認為你很迷人，然後有意或無意地向你**逼近**（proximity），透露她的興趣。

通常如果女人藉著逼近發出她的興趣指標，她會站在離你一、兩公尺處，面向別人。動態社交平衡會讓她可以進入觀察你的範圍，方便你接近他，又不至於讓她離你太近。

如果她向你逼近，你一開口，她便會應聲開啟。

在夜店裡，你是否曾刻意站在一個吸引你的女人附近，以便近距離打量她？或許你沒有搭訕她，而是在吧台叫一杯酒坐在她旁邊。你是否曾覺得剛剛在商店裡看到的女人，密集地出現在你附近好幾次？她的一再逼近就顯示出她對你有興趣。她可能是故意站在你附近，希望你採取主動，**也很可能是她的繁殖電路讓她站在你附近，其實她沒意識到自己的身體在做什麼**。她還是會應聲開啟。這些機會發生的頻率或許超乎你想像，尤其是你已經打開一組女人的話。

## ■ 三 秒 法 則

要你接近一群陌生人，短時間內或許會很尷尬，但是看到美女可以搭訕卻沒有搭訕，事後的懊悔反而會讓你更彆扭。要事先想好開場白，甚至在你進入公共場所之前就想好。**一旦發現心儀的美女，三秒鐘之內就必須著手打開她的組合**。既然要搭訕，就得彈無虛發，這就是訓練的目的。

現在就下定決心訓練自己，把三秒法則內化。在接近焦慮還沒超越讓她成為你女朋友的慾望之前，勇敢地走向你發現的組合，打入他們！在我們的現場課程中，會教你怎麼做（因為這是實際狀況，你得現學現賣）並且

趕走焦慮。目前，你必須強迫自己克服它。

別忘了，現場任何人都不清楚你認識或不認識哪些人。只要你進入現場之後，直接走向他們，跟他們聊些有趣的話題，像一群朋友一樣。鄰近的其他組合看見，會覺得你一定是個很有人緣的社交高手！

當你隨後從一個組合轉移到下一個，旁人對你的正面認知會繼續滋長，你在現場便有了**社交認證**（social proof）。當你擁有一定程度的社交認證，打開組合將變得輕而易舉。因此，一開始選擇組合時，千萬別太挑剔，寧可先混入任何組合中，也不要太挑剔而落得形單影隻，喪失征服整個現場的機會。你不一定要有個夠看的目標才能享受跟別人互動。

你的搭訕會逐漸變得更有自發性。通常女人大老遠就能分辨男人是否拚命鼓起勇氣接近她，這時心裡就在幫他扣分了。如果你遵守三秒法則，她會覺得你是突然冒出來的。遵守規則時，互動會有一股額外的正面能量。

## ■ 三 分 鐘 例 外

如果你發現一個組合，而你的目標正在跟服務生講話怎麼辦？你應該照常在三秒內行動嗎？不。每條法則都有例外。當一群人走進餐廳裡坐定，要是我覺得打開組合的前三分鐘會有外力干擾，我就不會行動。如果我不能施展整整三分鐘，就無法讓自己打進這個組合裡。一旦進入之後，我就能處理服務生靠近之類的外力干擾，因為我已經是組合的一員了。但是如果服務生在開始一分半鐘的時候過來，可能會完全打亂我的計畫。

干擾也可能是內在的，或來自組合的其他人。例如，如果目標在排隊，我確定她不會停留超過一分鐘，我就不會在這個時間點過去。我會按兵不動等到她坐下來，然後我就可以自信滿滿地過去，確信在搭訕她的前三分鐘不會受到干擾。

## ■ 開 場 白

**開場白**（opener）是指用來取得團體的注意力、讓他們接納你的簡短故事或一套說詞。這並不是正式自我介紹或進攻組合中美女的時機。

使用「哇，妳真漂亮，我叫做葛倫」這種**直接開場白**或許可以展現自信，但也會異化目標的其餘朋友。因為美女很少落單，我們必須先關照整個團體，而不是急著釣那個女人。

所以，把妹達人都會有效運用**間接開場白**。以下就是我幾乎攻無不克的間接開場白範例：

謎男：喔，我的天啊，你們有沒有看到在外面打架的女人？

美女：（在她們開口之前，你打斷她們）

謎男：她們為了一個男的打架，後來我跟他講過話，他叫做葛倫，有
　　　夠掃興的名字，葛倫耶！她們互抓對方的頭髮，有個女人的假
　　　奶還掉了出來。我看過的胸部很多，但是那真是「下垂的布袋
　　　奶」……妳知道的，壹周刊的術語。

接著繼續講下一個慣例。

你可能覺得這段話不會讓女人奇蹟式地愛上你，你想的沒錯，目的並不在此。當然，目的是要顯得有趣又機智，但是這招的威力在於沒有顯露的部分。它不像一般的直接開場白，沒有向目標傳達興趣指標。如果你把的是個已婚婦女，而且她老公也在場，你不想活了才會在這時候表達興趣。我們必須在發出興趣指標之前，先弄清楚整個團體的關係結構，這樣能讓你顯得有自信，而非有勇無謀。請注意，這跟你現在正在對他們講的話無關，這招是用來先表現個性的。

## ■ 人 在 現 場

　　酒吧和夜店或許不是你物色未來妻子的地方，不過這是個充滿目標的環境，最適合練習遊戲技巧。以下是我的提示：

· **不要買酒請她**：這是原則，但可以變通，總之不要主動買酒請女人。如果她要求你請客，就拒絕她。雖然規則可以變通，但你最好努力磨練你的技巧，讓她主動買酒請你。

· **別怕整個晚上被每個組合打槍**。就當作是跟你的僚機一起練好玩的。

· 給你的僚機一千元。每次你成功接近一個組合，他就還你一百元。這招非常有效。

· 真找不到人時，**別怕單獨出門**。

· **不要像抱毛毯一樣把飲料抱在胸前**，要放在嘴唇下方。最好是根本不要拿飲料。

· 別試圖裝「酷」或「屌」，這只會顯得你很無聊。要輕鬆友善一點。

· **熱情**是有感染力的。

· 在現場走動時要**微笑**。把不到馬子的人才笑不出來。

· **打開組合之後就不用一直微笑**。別顯得很刻意的樣子。

· 講完了開場白組合還沒有上鉤？再講別的！即使只為了練習也要**多累積材料**。累積慣例本身就是個很有用的技巧。

· 通常要**暖身接近三次**，才能真正進入狀況，展現出你的健談性格。

· **避免嘈雜之處**。如果連講話都聽不清楚，遊戲就甭完了。找出店裡最安靜的地方，而且避開舞池——那是陷阱。

· **早點到場**，對工作人員友善一點。午夜時再換個地點續攤，不但讓人有新鮮感，也有個地方可以帶正在把的妹去。

- **別喝酒**，至少要節制點。如果你保持清醒出去玩遊戲，會發現自己的功力明顯提升。酒精不是應付焦慮的好工具。
- **男人只是比較醜的女人罷了**：對，有其他男人在場，但他們不是對手。他們不會微笑，也不懂得吸引人群，就只會把啤酒擺在胸前裝酷。這些傢伙算不上真正的對手。
- **跟活潑的人交朋友**，在他們身上練習技巧。女性的吸引力開關之一就是**雄性領袖**（leader-of-men）。**如果你能領導男人，女人就會跟隨。**
- **成為目光焦點**：現場會不斷有小狀況發生，有人湊在一起用閃光燈拍照、有人教女人新舞步、有群人突然哈哈大笑、女人對精彩動人的慣例驚呼，然後周圍的人會轉頭過來看發生了什麼事。當這些事情發生時，你是看人還是被看？

## ■ 防 護 罩

女人會利用很多方法讓自己避開S與R價值低落的男人，例如：

- 戴結婚戒指
- 說自己有男朋友了
- 跟朋友黏在一起
- 坐在很難接近的地方
- 耍賤，出言不遜
- 負面的肢體語言
- 迴避眼神接觸
- 表現得興趣缺缺
- 猛喝酒、猛跳舞

・缺乏幽默感

・戒心很強

　　這些方法累積成一種女人用來自我保護的防護罩，裡面的成分可能是委婉、溫和或直接、殘酷。多年以前我碰過一個女人在我試圖打開組合的時候，當場尖叫要我滾。如果你也碰到這種事，繼續下去，別太在意。有時候女人只是心情欠佳罷了。

　　打開階段就是你突破防護罩，抵達接納點的時候。遇到女人反應惡劣（我希望她不會當面叫你滾蛋），你可能死纏爛打想強行突破，但這種短視的戰術，只會減損你的價值。你應該設法引誘她撤掉防護罩。意思就是讓女人相信你不是來把她的，甚至讓她認為你根本不打算誘惑她。

　　你可以靠**抵押**（pawn）打進她的組合，抵押就是帶著你先前把到的女人進入下一個組合，以便更輕易地打開它。這是解除防護罩的有效方式。

　　其餘克服防護罩的方式包括，使用**無興趣肢體語言**跟**假性時間限制**，這些技巧在本章都有詳述。

　　請注意，所有的技巧都有個共通點：表示缺乏興趣。換句話說，女人對待會就會走開的男人比較沒有戒心。女人在這種人身邊覺得安全。

　　無論發生什麼事，無論多麼難以接受，你都不能被女人的防護罩行為影響，這很重要。如果你被她唬住了，你在她眼中的價值會降低。記住，絕對別動怒——要保持好心情，並且不為所動。沒什麼大不了！

　　當你展示價值而且完全沒有企圖，她會開始對你卸下心防。該如何判斷她的防護罩已經解除了呢？

・她對你的笑話發笑——即使不好笑

・她轉身面對你，有眼神接觸，互動有反應

· 她觸摸你——輕輕抓住你的手臂，觸碰你的大腿、項鍊或頭髮

· 她詢問你的名字


## ■ 罐 裝 材 料


謎男方法有採用**罐裝材料**（canned material）。如果你內化了特定的價值展示慣例，並能隨時用在組合中，這個慣例就**裝罐**（in the can）了。

可以適當呈現罐裝材料的把妹達人，就能夠在「進入組合」時產生一致、強力的反應。這是很有效的的工具；當然，你不能太依賴任何單一工具，心胸開放的把妹達人還要練習隨機應變的自然對話，這也很重要。畢竟所有的優良罐裝材料最初都是源自真實對話。然而你若不能前後一致地呈現，技巧就不算完備。

我建議你建立一個罐裝材料的**慣例庫**（routine stack），你可以在起步階段的現場練習，也就是一個開場白、幾個慣例，諸如此類。某些庫存慣例和經過現場驗證的絕招，網路上都在流傳，書上也有寫，但長期而言你必須研發自己的材料。

當你練習與內化慣例庫的時候，搭訕的過程會開始變模糊，但是屬於你的模式會隨著時間漸漸成型。在狀況與反應在發生之前，你會輕易地預測到，然後解決它。你會感覺好像在高速移動，而周圍的世界都變成了慢動作。看過電影《蜘蛛人》嗎？蜘蛛咬過彼得帕克之後，有個惡霸向他揮拳，彼得向後仰身避開拳頭，從他的角度看來，一切都以慢動作發生。他想：哇，我有這麼多時間可以反應。

那就是我「在組合中」的感受，也可以是你的感受。進入任何組合而且名符其實把到你選擇的每個女人，那才是真正的化境。

一旦表演過好幾十次某種故事或慣例，甚至不必去想該說什麼，腦子還

可以自由思考別的事情，像是計畫下一招。你已經探索過所有可能從這個材料衍生出的對話狀況，幾乎就像預見未來。

## ■ 適 當 呈 現 材 料

適當地呈現材料通常比材料的內容更重要。女人對高S與R價值男人的細微動作會有一種精密的直覺：從他的眼神接觸、聲調、肢體語言等等。

使用罐裝材料讓你的互動交談在某個程度上自動化，你就有更多力氣練習呈現的方式。一旦改良的方式被內化，連自然隨機對話都會改善。**你的呈現方式本身就會變成一種價值展示。**

### 表 達 能 力

很多菜鳥的表達能力不足以呈現出自信的人格。他們應該專注於活潑的臉部表情與音調的修正。當他們硬把表達能力提升到必要的程度，感覺又好像太超過了。不過這種錯覺可能會騙過你。

沒錯，用較高的能量等級玩遊戲會比較容易吸引到組合，但是菜鳥可能會對這種誇張的音調與表情所引發的強烈反應上癮。而純熟的把妹達人即使用較低能量等級也能吸引到組合。

重點是當你初次打開一個組合時，要用稍微高過他們的能量等級切入。你用低於組合現有能量等級切入，只會讓氣氛更冷。他們是不會有興趣的。

如果你的能量等級太低，組合就不會上鉤；而能量等級太高，組合會輕易上鉤，但是會比較難收尾，而且常會讓女生誤認為你是個同志。用正確的能量等級打開組合，才能讓他們上鉤且導向比較正常的結尾。只有在現場多磨練，你才會逐漸搞清楚多少能量等級適用於哪個特定組合。

## ■ 假性時間限制

　　當你打開一個組合，你沒有太多時間建立價值，所以你跟其他廢人幾乎沒什麼差別。女人可能會想：這下可好了，這傢伙會在這裡待多久啊？我是不是該去跳支舞、上廁所或買杯酒，好避開這個傢伙？

　　這種心態對她沒什麼好處，但是你有可能對她打預防針避免這種想法。你可以在她心裡創造一個「你馬上就會離開」的幻覺。在A1階段，必須讓女人一直覺得你正要離開。

　　製造這種印象的方法之一，就是用**假性時間限制**（false time constraints，FTC）。以下是幾個例子：

・我該走了，要不是馬上得走的話……我會……
・我只能待一下，我跟朋友來的，所以妳看這個……
・我只有一分鐘，但是我必須跟妳說……

　　你說出開場白的前幾個字之後，使用假性時間限制，一旦到達上鉤點，試著再丟出一個假性時間限制。為什麼？因為這個組合現在希望你留下來，這時的假性時間限制會製造「失去的恐懼」。然後開始放餌讓目標追著跑。

### 身體搖動

　　身體搖動（body rocking）是以肢體動作製造出你正要脫離組合的印象，換句話說，這是肢體的假性時間限制。你一定要讓組合裡的人覺得你不會待太久，說話時身體要轉來轉去，把重心放在後腳，好像正要離開，然後又轉回來說：「喔，對了，在我走之前……」繼續講下一個故事或慣例。

你在組合裡的時候不宜有太多額外動作，某些菜鳥有鑽來鑽去或慌慌張張的問題。小心：這些動作通常是無意識的，並透露出你很緊張。如果沒有可靠的僚機幫你點出來，你可能根本不會發現到。這些動作可能毀了一個原本很有機會成功的組合。

動作最少的人（例如反應最少的人）通常被認知為社會地位最高的人。如果你不是經過精心算計之後才動作，例如故意搖動身體，那最好留在一個定點，保持舒適的姿勢，切勿慌亂。

## 打開移動中的組合

有女人從場地中經過，你的手法是否高明到可以用開場白攔下她們？

打開移動中的組合是非常困難的。記住，最重要的原則就是絕不能讓女人以為你在追她們，她們一旦這麼想，你的價值就變低，她們會閃人。最好就站在原地，不要走近她。

想想**動者恆動**的原理。以下是謎男方法打開移動中組合的技巧：

1.跟目標沿著同樣路線走，稍微超越她們一點。

2.向後轉頭面對組合，講開場白，然後講話時往前看。

3.繼續走在組合旁邊施展技巧，慢下來讓她們配合你的步伐。

## 打開坐著的組合

初次打開坐著的組合時，一切似乎很OK。你站在組合附近，講著有把握會受到歡迎的話題。但是隨時間流逝，你開始失去他們的注意力。是哪裡出錯了？

當你站著而組合的其他人坐著時，你的肢體舒適度比他們少。這也透露一個訊息：你需要這個組合多過這個組合需要你。所以隨著時間流逝，你

在他們眼中的價值便逐漸降低。高價值的雄性不會把自己放在不舒適的狀況，這樣他才能尋求和諧關係。

很遺憾，你不能搭訕坐著的組合，然後直接加入他們那桌，這太刻意了。那麼要打開坐著的組合，最有效的方法是什麼？

1. 打開組合（如同處理站著的組合）。
2. 開場白講到一半，丟出假性時間限制。
3. 繼續講開場白，同時抓把椅子坐在組合裡。注意：要邊講邊坐下，這很重要！
4. 接著講下一個慣例，然後站起來作勢離開（肢體的假性時間限制），同時繼續講話。
5. 坐下來的時候講出假性時間限制，然後繼續講慣例。

光知道步驟還不夠，要在現場反覆練習才能磨練你打開組合、運用假性時間限制與慣例銜接的能力。通常最重要的不是技巧本身，而是你執行時的儀態。

## 肢體語言

**當你初次講開場白，別用整個身體面向組合。**你講話時可以把頭轉向他們，但是別全身都轉過去。

你可以從別人的腳尖指向何方看出許多意義。如果你在開場白途中，被當成是來攀關係的，他們會認為那是低價值的行為，然後以低價值的方式回應你，把你趕出組合。現場測試告訴我，成功打開組合的比率深受這個因素影響。

這時有兩個值得推薦的方法。第一種，你只是跟朋友會合途中經過這個

組合。走過他們時,你要停下腳步,頭轉向他們,說出你的開場白。他們上鉤之後,你才可以轉身面向他們。

第二種狀況,你在自己的組合裡,而目標組合在你們隔壁。這就給了你社交認證。在適當時機身體向後仰,回頭向他們講出你的開場白。像前者一樣,他們上鉤之後你才可以轉身面向他們。

### 標準化

女人對你的材料上鉤時,通常會轉身面向你,這時你也應該轉身面向她(獎賞她的良好表現)。如果你太早轉身,會顯得急躁又色瞇瞇。自己體會標準化的時機吧。然後,開始講開場白的前三十到六十秒之間,你的身體應該面向組合——他們也應該會面向你。不能光用回頭姿勢搞定整個組合,只有打開時才這麼做。

### 向後靠

下次你在現場時,注意觀察人的身體如何往前傾,同時另一個人怎麼向後靠。向後靠的那個人,會比向前傾的來得有權力。當你向前傾,等於表示你需要你的目標多過目標需要你,也就是你的價值比她低。這種蛛絲馬跡往往是失去組合的致命因素。其實,很多菜鳥會**啄米**(pecking),意思是每次對方說話時,他就向前傾。千萬別這麼做!女人的情感電路會告訴她:你不是個有高S與R價值的男人,然後她就會不理你。

### 聲調與步伐

音質非常重要,雖然沒有什麼問題是無法克服的,但是某些音質就是比較討喜。要點如下:

- **要用來自腹腔的低沉堅定聲音**：如果你的聲調缺乏魅力，就找個正音老師搞定這件事。
- **要用聲音表達情感**：去上表演課或許會有幫助。
- **慢慢講清楚**：戒掉「呃」、「好像」、「你知道的」這些字彙。
- **講話多用暫停**：你說話的……方式……要創造出……某種韻律。這樣能把注意力轉移到你所講的內容。
- **大聲說話**：女人天生會對大嗓門的男人有反應。這不表示你應該不顧社交禮儀，老是大聲說話。要知道這在必要時是個好工具，尤其在嘈雜的地方。這樣你會顯得「比較像個領袖」。

上述要領都很容易在現場驗證。你先使用「大音量」和「多次暫停」去打開十個組合，再用「小音量」和「不暫停」打開十個組合，這當中的差異非常驚人。現場是不會說謊的。

## 矛盾

你是否曾經試用過別人的慣例，卻覺得像爛劇本一樣拗口？當你說話的內容與方式很不搭調時，這就是把妹達人所謂的**矛盾**（incongruence）。

要讓女人感興趣，你必須先做個有趣的人。所以把妹達人都會互相分享故事與招術。別人做得到，我也做得到。也有人建議大家都應該「做自己」，不要使用現成的材料。但說實在的，這些材料能創造在現場練習的寶貴機會，建立標準化，還能讓你有趣味話題可說。

把妹達人像搞笑藝人一樣，都是表演藝術者。把妹達人的任務是吸引一小群人夠久，以便顯出特定的人格特質，讓他想把的妹覺得他很有趣。

他使用的材料，就是他向團體展示自己——也是間接地向目標顯示人格的工具。搞笑藝人講一個笑話，人們會說「很好笑」，如果把幾個笑話串

連起來講，大家會說「他超爆笑的」。大家讚賞的不是笑話本身，而是這個人。

試想：業餘搞笑藝人跟朋友在酒吧玩，在對話中無意間講了一個笑點，得到熱烈的反應。他會想：天啊，真好笑，我要把它用在節目上。過幾天後他這麼做了，但是反應平平。他又想：我跟朋友說的時候他們都笑翻了，一定是觀眾的問題。

下星期他又把笑點用在表演中，觀眾還是笑不出來。他思索：嗯，為什麼沒效？是材料還是觀眾有問題？

他決定下週再試一次，結果觀眾還是沒反應。他受夠了，決定放棄這個笑點。

我們來看看專業搞笑藝人是怎麼做的。專業人士都知道，在觀眾面前講同樣的笑話三次還算不上足夠的練習。他知道必須在現場觀眾面前一再講那個笑話，好重建最初他講這笑話時，笑點出現的自然時機。

所以很不幸地，你學到的每個新慣例都必須經過這個**自然化階段**（naturalization phase）。事實上很可能要練個二、三十次才能讓編寫好的慣例自然地表達出來。如果你每晚練習十幾次的搭訕，只要兩晚就能自然地掌握慣例。如果你每週都學好一個新慣例，當你臨時需要時就不怕端不出菜了。

不久的將來，你一定有機會吸引某個女人。你準備好接受挑戰了嗎？你有沒有足夠的自然化材料隨時可用，以便不著痕跡地吸引她？

### ■ 社 交 認 證

有些玩家可能會在現場走來走去，打量所有女人，尋找最好的搭訕對象。這種行為侵略性很強，而且其他人都看在眼裡。如果你晃得太久，女

人會以爲你沒有「同伴」，只要幾分鐘就會粉碎你的社交價值。

有些人會在團體裡左顧右盼。如果他們看起來不像團體裡的一員，沒有跟女人一起混，或沒有進攻組合，就會顯得比其他人遜色。當他終於打開一個組合，可能會發現處於**負面社交認證**（negative social proof）的環境中，打開組合變得比較困難。

把妹達人會跟樞紐（pivot）或僚機一起出場，不會到處打量別人。他會跟朋友聊天，看起來就像是兩個高價值的人享受彼此的陪伴。

如果他面色嚴肅的四處觀察現場，會讓別人覺得他對自己所處的位置不滿意，正在尋求更好的立足點。而高明的把妹達人都認爲全場最風趣、最有價值的焦點就是他自己。

女人要的是一個比她們更好玩、更有價值的男人。你必須符合你所要呈現的價值，而且要非常明顯，透過一連串明確的高社交價值展示。遵守三秒法則，你會比較有機會打進組合，得到較高的社交認證。

當你有較高的社交認證，就會有更多被女人接近的機會。女人也會給你其餘的搭訕邀請，例如拋媚眼。但是你不一定要等待這類邀請訊號。只要苦練，把妹達人不用邀請訊號也能一直左右逢源。


## ■ 重 點 複 習

・A1階段始於你講開場白的時候。
・A1階段結束於你到達**社交上鉤點**的瞬間。這時整個組合都不再等著你離開，反而希望你留下。
・**邂逅地點**是指充滿目標可供把妹達人練習遊戲的環境，也稱作**現場**。
・女人經常用**逼近**來表示她們願意被搭訕，但她們可能並未意識到自己會這麼做。

- 搭訕與搭訕邀請都是值得投資的機會，但是老練的把妹達人不用等待這些訊號也能一直打開組合。
- **三秒法則**是指，一進入現場後，必須在三秒之內著手打開一個組合。稍後發現另一個組合時，也必須在三秒內打開它。遵守這個法則就能得到較高的**社交認證**，會影響人們對你的反應。
- 謎男方法利用**間接開場白**，因為這樣才不會顯露意圖，而且已通過現場測試，證實可以有效打開組合。其它如直接開場白也可能很有效。任何新點子都必須經過**實驗**與現場測試。
- 不要企圖裝「酷」或「屌」，最好是隨和友善一點。
- 每晚剛開始需要兩、三次**暖身搭訕**是正常的。
- 不要喝酒。
- 試著搭訕有男人的組合，練習對他們玩遊戲。**女人都有被「男性領袖」吸引的開關。**
- 女人有很多用來篩選男人的**防護罩策略**。但是把妹達人可以表現**缺乏興趣**同時**展示價值**，讓女人撤掉防護罩。
- 謎男方法使用**罐裝材料**，可以得到預期的反應。你應該創造自己的**慣例庫**以便磨練技巧。
- 自然地呈現材料，而肢體語言、臉部表情與聲調，比內容本身還重要。
- 開場白必須跟現場狀況具有關連性。
- **假性時間限制**（FTC）可以讓把妹達人製造他正要離開的幻覺。這是打開組合的強力工具。
- **身體搖動**就是利用肢體語言傳達假性時間限制。
- 當你打開一個移動中的組合，絕對不能讓他們認為你在追他們。
- 打開一個坐著的組合，講出開場白的時候要跟他們一起坐下，**利用假性時間限制，一面坐下一面繼續講話。**

- 在現場使用新材料可能感覺很笨拙而且**矛盾**。新材料必須經過好幾天的現場練習才能自然化。
- 某些行為可能會造成**負面社交認證**，例如：靠牆站立、把飲料握在胸口、站在男性團體中、像掠食者一樣漫遊現場，用嚴肅的表情掃視全場……等。

# 06

A2：FEMALE-TO-MALE INTEREST

A2：女對男的興趣

現在你打開組合了，該是製造吸引力的時候了。首先，你必須從組合中選出目標人選。在場可能同時有好幾個美女，你的選擇會有點武斷，但還是必須選出一個人以便**否定**（neg）她。如果挑不到喜歡的，就選個**隨意目標**（arbitrary target）來練習吧，至少你可以交到新朋友。

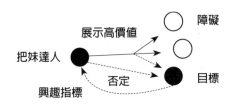

當你向組合**展示高度價值**（demonstrate higher value，DHV）又否定目標，吸引力就產生了。她會以興趣指標回應，這招能幫你測量進展。這就是A2階段的要旨。

## ■ 興 趣 指 標

如前所述，當女人覺得被某人吸引，她會開始透露細微但明確的興趣指標。分辨她的興趣指標能幫助我們測量她的內心狀態。女人可能故意給你興趣指標，但她們通常是無意識的，即使是把妹達人也經常無意識地發出興趣指標。只要勤練，我們就能在美女面前不動聲色地避免這個問題。

以下是興趣指標的範例。請注意，某些指標需要比較強烈的吸引力，例如女人可能有興趣問你名字，但還不至於跟你一起離開現場。

· 你不講話時，她自己找話題。
· 她竊笑。
· 她觸摸你。
· 她想要親近你，建立舒適感。
· 每隔一陣子就轉頭盯著你看，重複很多次。
· 她甩頭髮（試探你會不會看）。
· 如果是遠遠的對望，她會維持好幾秒。
· 她對你微笑。
· 她站在你附近（逼近）。
· 她在旁邊打斷你的話，或對你講的事情發笑。
· 經過你的時候，轉身面對你或用身體輕觸。
· 她對朋友說了些話，大家都竊笑。
· 她向你借打火機、問時間，或以任何方式開啟話題。
· 當你對她的團體說話，她的話特別多（爭取你的注意）。
· 她問你的名字。
· 她問你的年齡。（讓她猜！）
· 她稱讚你。
· 她開玩笑地挑戰你。
· 她不同意你，但是在笑。
· 她打你的手臂，但是在笑。
· 她給你取綽號。
· 她跟你邊講話邊玩頭髮。

・她坐在你身邊時，用腿碰觸你。

・她藉各種方式一直摸你。

・她問你有沒有女朋友。

・她不知道你有沒有女朋友，但是主動提起。

・她去上廁所之後，又回到你身旁。

・她跟你講話時保持長時間的眼神接觸。

・她迴避提起她的男友。

・你喜歡某種事物，她說她也喜歡，或是說需要有人教她。

・她說了或做了某件事，便看著你觀察你的反應。

・她用斜眼瞄你，掩飾她在看你。

・她介紹你跟她的朋友認識。

・她買酒請你。

・她稱呼你是玩家或是把妹高手。

・她離開時，過來告訴你她要走了。（趕快跟她要電話號碼！）

・你離開時，她問你要去哪裡。（邀她一起來！）

・她回你的電話。

・她編理由靠近你，跟你互動，或是跟你獨處。


下列興趣指標尤其重要：


・你不講話時，她自己找話題。

・她竊笑。

・她觸摸你。

・她想要親近你，建立舒適感。

有時候重點不是她做了什麼，而是她沒做什麼才表達她的興趣。這就叫做**被動興趣指標**（passive IOIs），這非常重要，因為那可能是你唯一得到的興趣指標。

以下是部分範例：

· 她的朋友走了（去廁所或買酒或跳舞），但是她留下來。
· 她過來看你，跟你長時間相處。
· 你移動時，她跟隨你或是停下來等你。
· 當你太靠近時，她沒有馬上退開。
· 你進行肢體接觸時，她沒有反抗（或只是象徵的抵抗一下，以避免自己像個蕩婦）。

## 假興趣指標

請注意女人可能用假的興趣指標欺騙你。例如她可能在要求你買酒請客時給你興趣指標，但其實她並不喜歡你，只是在利用你。當然，如果你很好利用，她會覺得你缺乏魅力。她給你興趣指標可能只是為了把你留在身邊當凱子罷了。

女人也可能在拋棄你的時候給你興趣指標。例如她說：「我們去洗手間一下」，如果她心裡打算擺脫你，可能會摸著你的手臂說再見，讓你好過一點。

女人有時發出假興趣指標，只為了測試能否得到你的積極回應。如果你太輕易回應她，讓她得來全不費工夫，你就成了她的另一個戰利品，她可能到別處尋找更大的挑戰。所以別讓人誇兩句就撲到人家身上了！

## ■ 無 興 趣 指 標

反過來也有**無興趣指標**（indicator of disinterest，IOD）。範例如下：

· 她迴避跟你眼神接觸，不接你的電話，總之不想跟你有任何接觸。
· 如果她能假裝沒聽到你說什麼，就會裝傻。
· 她不願意參與對話。
· 她很容易失去耐性。
· 她走開或是看著別處。
· 她退開、轉身，或跟別人講話。
· 她毫無反應，或是一直說「嗯哼」，卻沒有給你真正的回應。
· 她不肯隨你移動，即使只有一公尺也不願意。

練習A1與A2能夠培養得到IOI而非IOD的技巧。對辣妹說她好辣、買酒請她、太纏人或問她很多問題，都不會讓你變成大師。你應該練習A1（間接、毫無企圖）與A2（交叉展示高度價值與「否定」目標）。你就會得到IOI。

看過《追女至尊》（The Tao of Steve）這齣電影的人注意了，A1與A2正是電影中的前兩條法則：無欲則剛、強者為王。

## ■ 否 定 理 論

美女（9分到10分）每天都要忍受一連串尷尬的時刻，聽一大堆好好先生說「妳是哪裡人？」、「妳叫什麼名字？」、「妳好漂亮。」……所以，很多女人都培養出很管用的賤招，好讓這些人滾蛋。美女真的都是小

賤人嗎？很難說。事實上，我的許多前女友都是美麗又親切……在我巧妙地運用「否定」破解她們的初步防禦之後。

如果女人無法馬上拒絕那些無聊人士，她每天都會困在這些人的對話中，包括生存與繁殖價值低落的人。在你展示高度價值之前，不要指望女人會覺得你夠格。記住，你必須先製造社交機會，在目標作出判斷之前展示高度價值。

9分與10分的美女經常對男人說不，當她們好不容易遇到一個優質男人，可能還是會反射性地做出不友善的回應。不過，這片烏雲背後就是陽光：辣妹太常說NO，好不容易遇到有高度價值的人，她的YES就表示「好啊！終於等到了！」

在現今的社交環境，美女必須非常擅長篩選男人，因為她們不會跟每個男人睡覺，只好使用拒絕、表現惱怒或其他防衛機制。很多可憐蟲都滿腹挫折地憤怒離去，認為斷然拒絕他們的女人都是賤貨。

如果女人剛認識你就接受你請的啤酒，隱含的社交力學就是：「我不認識你也不在乎你。你就跟其他普通人一樣，既然我不尊重你，我會接受啤酒然後把你踩死。」

她的思維是：如果男人笨到請我喝酒，我就聰明地照單全收。

辣妹最擅長擊退你的搭訕，所以你必須學會如何高姿態地反擊，並不是說要羞辱她們，因為她們早已習慣聽到受挫的男人說：「妳只是個賤人罷了！」所以如何高姿態地反擊辣妹，又不至於羞辱她們呢？

試想像有個女人留了長指甲，通常是彩繪的假指甲。把妹達人搭訕時會說：「指甲很漂亮唷，是真的嗎？」她必須承認是假指甲。他會假裝不知道這個問題是一種貶抑，又說：「喔，（暫停）呃，反正還是很好看啦。」然後一派悠閒地背對她一陣子。

這對她會有什麼影響？她會立刻感覺被他扣分了，而他並沒有羞辱她，

羞辱只會讓她更想反擊或當場走人。但是他的讚美，其實是專攻她的不安全感。她的思維會是：我是很正沒錯……但卻沒有迷倒這傢伙。搞什麼？我應該手到擒來的！我要糾正他對我的認知，我可是人見人愛的！

他會繼續對她的外表顯得興趣缺缺，只聊一些無關緊要的話題。這時候她的第一要務就是爭取他的認同，以掌握主控權。一旦獲得認同，她就可以扔下他，然後趾高氣昂地走開。但在這發生之前，他又立刻賞她另一個否定：「那是假髮嗎？挺好看的。這種髮型應該叫做鬆餅頭……」他戲謔地微笑，開始講另一個慣例。

他表現得很友善，卻對她的美貌沒興趣，這會吸引住她，因為她了解大多數男人的死德行，這次對她可是個特例。她會想：這個人一定美女看多了，或是已婚（被預選）之類的。這些疑問會令她相當好奇。她會給他一些小否定，好測試他的一致性。他輕微地否定回去，通過了測試。

他在講故事中途停下來說：「啊，好好玩喔！妳講話的時候鼻子會抽動耶，看，又來了。哈！」她臉紅了。

現在她開始意識到自己，而這正是他想要的。他只用三個否定就成功製造了興趣並貶低了她的地位，也避開了她的防護罩，爭取到更多時間展示高度價值。


・否定（neg）

〔加拿大用語〕動詞、名詞：用來暫時、不傷和氣地防止某人被視為潛在追求者的敘述或行動。

用法：否定某人，被否定，丟出否定，精通否定。


否定不是羞辱，而是發出負面社交價值的判斷。就像你拿出面紙擤鼻涕，擤鼻涕本身並不是羞辱。你沒有明確地拒絕她，同時又讓她覺得你根

本不打算討好她。她會很好奇爲什麼，認爲你是個挑戰。可以用的台詞如：「很可惜我是同志」、「怎麼讓妳關機啊？」、「請勿亂摸」、「妳這種女孩我見多了」。

我發現通常女人越漂亮，否定必須越強烈。10分可能需要用連續三個否定來挫挫她的銳氣，8分只需要一兩個。如果她感覺你自認比她優越（發生機率超乎你的想像），你可能失手出局。徹底摧毀女人的自尊太殘酷了（即使大多數的10分常對男人這麼做），而且可想而知，你一定把不到她。要盡量接近翻臉邊緣，但不要越界。當你發現她要反擊了，就開始讚美她（除了美貌之外），營造出一種互相尊重的氣氛，男人要在現場贏得女人的尊重，可是很難得的。

如果你不小心惹毛了她，使她開始抱怨你的失禮（不推薦這麼做，但這未必表示你完全出局），先讓她發洩情緒講出她對你的意見。然後你要說：「很抱歉。我不知道這樣會讓妳不舒服，只是打算試探一下而已。現在我知道了，我保證……我不會再這樣了。對不起。」遊戲就從這裡再度開始。

你可以利用否定來跟辣妹搭上線，隨意找三個辣妹進行兩三分鐘的閒聊，一旦防護罩撤除，你就可以在相互尊重的立場上跟她建立舒適感。以下是否定的有效範例：

・謎男：我想我們不該變熟。

　女人：爲什麼？

　謎男：妳對我而言太善良了。

・如果你的目標出言不遜，就回答她「妳應該不常出門玩吧？」

・如果你的目標打斷你，就說「欸，我正在講話耶。」或「抱歉……可以先讓我講完嗎？」然後向團體的其他人說「她老是這樣嗎？」調皮地轉

動眼睛。

- 如果你向包括目標在內的女人們問問題，目標開口回答你，你就說「我又沒問妳」。

- 如果你掏出照片進行**秀照片慣例**（photo routine），故意先給其他人看。目標想看的話，就說「歹勢，我在給他看，待會就輪到妳了，OK？」

- 如果女人親完你的一邊臉頰又要親另一邊，就說「只限一邊……別太貪心。」如果她說「我是法國人」，你就回答「法國女人都像妳一樣貪心嗎？」

- 「髮型真好看……是真的頭髮嗎？」微笑看著她，表示你是認真的，並非在羞辱她。

- 她：喔，我是模特兒。

  你：哪一種？手部模特兒嗎？

- 「哇，妳的手掌好多汗……妳剛剛摸了什麼啊？不，別說出來，我不想知道！」

- 「妳耳朵裡有東西。」

- 你：看這裡喔，拉我的手指看看，很好玩的。（當目標拉你的手指，就用嘴巴發出放屁的聲音。）哇！妳真的拉喔？哈，開玩笑的啦，來，真的，拉我的手指。真的很好玩，相信我。（她又拉了，再次發出放屁聲。）天啊！兩次耶！真不敢相信！連我六歲的姪女都不會上當。妳幾歲了？

  你也可以說「我開玩笑的，來看這邊。我要變魔術。看這邊，我手裡沒東西對不對？好，拉我的手指。不，我說真的，我保證不再放屁。真的，我以魔術師的名譽發誓！我保證不會。（她拉你手指，又是放屁聲）我的媽呀，妳也太好騙了！」

- 「我喜歡那件衣服。我好像在別家夜店看到妳也是穿這件。不過真的很

好看。」

・「天啊，妳真主動。至少等到我們開始交往再說吧。」

・「很好，那是我的小測驗，看妳是有獨立思考能力還是聽到啥都信。」

・「吼，妳很解high耶！妳前男友一定很討厭這一點。」

・她：我是模特兒。

　你：很多人問妳是不是模特兒嗎？

　她：是啊。

　你：他們真有禮貌。

・「我剛發現……妳講話時鼻子會抽動耶！哈，真可愛。」然後指著她說「看，又來了。好像《紫屋魔戀》裡的莎曼珊……不過只有在講話的時候。」

・你：〔拿出一條口香糖交給目標。〕

　她：不，謝了，我在喝啤酒。

　你：我知道，拿著先。

### 如果她比較年長

・如果你的目標說「你太年輕了」，這是個興趣指標。別像呆子一樣因為太嫩而黯然退場，只有真的想把她的人才會這麼做。只要冷冷地回答「對，我知道……妳真可憐。」記住要表現出戲謔逗趣的態度。

・「妳先去冷靜一下，克服年齡障礙，我等妳。」

## ■ 否 定 的 種 類

### 散 彈 槍 否 定

　像是「哇，她講話大舌頭。」或「怎樣才能讓她關機？」之類的敘述。

你可以在團體中使用，表示你對她沒有特別的企圖。否定其實就是無興趣指標。當然，不是說你討厭她，一點也不，只是你不把她當作追求的對象。IOD能削弱她對你的性權力，同時解除她那個團體的武裝。散彈槍否定是很棒的社交工具，說出來可以炒熱現場氣氛。讓她朋友覺得你並沒有情慾動機，他們就不會阻礙你或保護她。這招的威力在於明確又真誠。她會真的相信你並沒有在討好她，卻又不禁懷疑……為什麼呢？

散彈槍否定可傳遞出一種毫無所求的態度——這等於是在展示高度價值。所以你一招之內就能顯示缺乏興趣、消除障礙，又製造吸引力。

## 挑逗否定

挑逗表現出一種驕傲、戲謔的態度。不會被視為輕浮，而是故意的調情（但是尺度適當）。例如「拉我的手指……噗！哇，妳上當了，傻瓜。」、「你可以幫她打扮，但是實在帶不出去。」、「別逼我去抓妳。」等。當你說她是傻瓜，你的驕傲、戲謔、有趣態度就會顯示你有自信、態度堅定而且掌控大局。挑逗刺激她的情感，在A2階段可以用來展示高度價值。對象可以是整個團體或直接針對目標。

## 狙擊槍否定

狙擊槍否定直接用於目標身上，她是唯一聽見的人。例如暗示她最好趕快擦鼻子、有眼屎、手掌太多汗，或在講話時口水噴到你臉上……而且你覺得很噁心。重點是讓她真的相信自己做了**展示低價值**（demonstration of lower value，DLV）的事。這會讓她不好意思，讓她懷疑你是否對她還有好印象。

你使出狙擊槍否定之後可以看著別人、暫停對話或用其他無興趣指標。為什麼？她出糗之後會特別容易接受隨後的讚美。即使只用肢體語言顯示

輕微的缺乏興趣，都能激起她贏得你認同與讚賞的強烈慾望。

## 丟 了 就 跑 法 則

像扔石頭一樣丟出否定。在它擊中目標之前，迅速轉頭跟團體繼續聊天。在她看來，你一開始就沒考慮太多，也不會繼續想這件事。

當你把好幾個對話脈絡串在一起，偶爾會遭遇必須丟出否定的時機。這麼做的時候，不能讓目標發現你在觀察她的反應，這很重要。如果你一直在等待她的反應，**她會覺得你剛剛講的都是刻意安排的，就沒效了**。況且，尋求反應的行為就是展示低價值。

## ■ 展 示 高 度 價 值

為了表達高S與R價值所做的任何事都是**展示高度價值**（DHV）。例如你打開一個組合，讓兩個女人跟你一起哈拉，你就顯示了預選，這是DHV。當女人看見其他女人選擇了你，她們就會覺得被吸引。

如果女人發現你很有錢，這也是DHV。男人有錢表示她也可以跟著吃香喝辣，她必須拉攏那些對她有利的人，改善自己生存與繁殖的機會。但如果她認為你想要用錢討好她，你就會喪失吸引力。只有沒行情的人才會企圖討好別人——這種行為被公認是展示低價值。

如果女人認為你在現場左右逢源而且有許多社交認證，她會比較被你吸引。社交認證就是DHV。但如果她認為你社交能力拙劣，那就是DLV。你展示低價值的話，就會降低她對你S與R價值的認知，讓她對你無動於衷。

講好玩有趣又充滿感情的故事能展示社交技巧，這是DHV。故事也可以巧妙設計來展現特定個性，讓你暗中觸動她的吸引力開關。

否定也是一種DHV，因為只有高價值男性會這樣跟她說話，而且似乎真

的對她沒興趣。以下是DHV的範例：

- ·被其他女人預選
- ·像是雄性領袖
- ·支持並保護你所愛的人
- ·毫無企圖
- ·不受他人影響
- ·社交智慧
- ·否定她（IOD也是展示高度價值）
- ·有堅固的自我框架
- ·知道很多有趣的知識
- ·情感刺激
- ·社交上「受歡迎」——人們都想得到你的注意力或認同（也在乎你說了些什麼）
- ·講話會受人注意

## ■ 團體理論

優質美女通常會在團體中，幾乎從不落單。女人聚在一起時，就會進入團體思考的心態。用相同的心理機制來預選：對於自己的選擇和感受，會互相尋求認同。她們互相觸摸、手牽手、竊竊私語、一起走來走去、一起上廁所。爲了擺脫色鬼與好好先生，她們也會互相掩護，互相照顧。

好好先生通常會等候女人落單時跟她獨處，然後追求她。但是謎男方法的策略是直接進攻團體，因爲女人很容易在社交情境中被價值最高的男人吸引。那麼，**有沒有可能接管她的團體，並且變成最受注目的人**？

一旦打開組合，你要先講故事、搞笑或其他DHV以解除她朋友的武裝。表現出你很風趣、好玩又充滿熱情。事實上，你要搶走熱門人物（就是目標）身上的目光焦點。

你進一步否定目標，解除她朋友的武裝。當其他很明顯想打開組合的傢伙都給她IOI，還提議買酒請她——他們都太直接了；而你卻否定她、背對她、繼續講你的故事，她的朋友就不會感受到威脅性，因為你展示了非羞辱性的無興趣指標——讓他們卸下心防。他們不知道這些否定，會讓你跟目標之間產生一種微妙的性張力。

因為她的朋友都喜歡你，她的團體思考心態也會接受你。你有她同儕團體的社交認證。她的自尊被否定稍微拉低了，於是想要吸引你的注意力——你是派對動物，也是在她朋友面前奪走她光彩的人。她開始給你興趣指標，爭取你的認同與讚賞。如果你能持續製造這樣的反應，你就精通了

---

**在組合中該講什麼有趣的事？**

· 世界上有沒有超能力

· 你登山的時候遇到熊

· 你攀岩的時候繩索斷裂，把你嚇壞了

· 你陪朋友去找女生，不幸她有男朋友，他被扁成豬頭，雙方發生廿分鐘的飛車追逐，你想找警察求救，但是找到之前就擺脫了那個抓狂的男友

· 你重病住院的時候發現味覺改變了，鳥叫聲聽起來也更清晰了

· 你入侵銀行網路系統，但是臨陣退縮，結果把錢都轉到慈善機構

· 你跟四個女孩子同居，她們同時發生經前症候群，互扔食物大打出手

· 你當面見過的名人

· 她信不信有鬼，理由何在

· 你喜歡糖果與焚香，她喜歡什麼

· 你買給姪子的果凍螞蟻屋，以及你從中學到什麼

· 你上台表演的經歷

· 你從陡峭的山坡滾落，而且沒死

---

A2階段。

基本團體理論靠兩種DHV綜合運作：

1. 接管團體所產生的社交認證，也要向團體展現出你的個性，間接影響目標。

2. 展示高度價值，同時解除障礙者武裝、削弱目標的性權力、激起她想把你比下去的動機。

## ■ 多 重 對 話 脈 絡

在對話中，尤其是彼此很熟的人，會出現很多條對話脈絡，可能談天氣、家人、昨晚做了什麼、各種哲學思考或時事等等。隨著對話的進行，某些脈絡可能重複或是週期性地出現。

但是互相不熟的人，會覺得跟當下狀況有關的話題比較輕鬆，結果卡在那個話題上直到聊不出個屁來。想像有個男人在公園裡蹓狗，遇到一個也在蹓狗的女人，他們開始對話：

男：喔，嗨，那是西班牙長耳獵犬嗎？

女：不，牠是米克斯。幾年前我從動物收容所領養的。你的狗呢？

男：牠是黑色拉布拉多。牠們越來越受歡迎了，是吧？

女：是啊，是啊，狗最好玩了。

男：妳養很久了嗎？

女：喔，大概三年了吧……

男：那……那妳都餵哪種狗飼料？

注意到這個男人已經辭窮了嗎？他用狗的話題成功跟女人產生互動，但

他找不到更多相關話題好繼續對話。所以他又回到狗的事，顯然跟女人講話對他很重要，他很不想「搞砸」。結果他在對話中很明顯地過度使用疑問句。

互相熟悉的人們講話時經常使用多重對話脈絡，不熟的人就可能困在單一話題裡，接著就是禮貌性的結束：

男：請問現在幾點了？

女：喔，六點半。

男：謝謝。對了，妳是哪裡人？

如果你用新話題來取代先前用過而且暫停的話題，就透露出興趣，反而強迫她提早決定要不要升起防護罩，甚至用「我有男朋友了」來拒絕你。

在組合中使用多重對話脈絡，就能製造強烈的熟悉感，好像大家已經很熟了。

你剛進入組合時，因為還沒有展示太多價值，女人不會急著跟你產生互動。你必須能提供90%的內容，否則就會當場掛掉。

隨著時間推進，吸引力建立了，就可以用吸引力引誘女人更加投入。這時候你還是要主導互動，繼續刺激她。你必須口若懸河，這非常重要。

永遠要有話題。調整到健談模式，不只是辣妹，要練習跟每個人講話。使用幾個不同的慣例，用多重對話脈絡的方式跳來跳去，不要直線性地一個接一個。

當你用三到五個同步對話脈絡把目標的心思占滿，你會發現後勤補給似乎不成問題，你永遠有話題可以回去，否則太多尷尬的冷場或突然顯得辭窮無法維持氣氛，可能會讓你的組合迅速變調。

## ■ 切 斷 對 話 脈 絡

有時候話題沒有用。女孩子可能會開始覺得無聊、鬱悶、想起家裡的男朋友，有的沒的。無論什麼理由，你最好快結束這個話題，不要繼續掰下去。如果發生這種狀況，就停止這個話題，直接講下一個慣例：

她：……每次聽到這首歌我就想到他。

你：手伸出來讓我看看。（開始進挪〔動覺〕測試）

完全打斷她的話題，用你自己的新話題取代。當然，這並不是要你變成愛插話的冒失鬼。只要情勢對你有利，就要不斷以新話題主導談話內容，讓對話繼續下去。這招很有效，她也會覺得你更加迷人，因為你顯示出堅強的**框架**（frame）。

有時候某個話題可能會突然失效了。例如她的朋友在你的話題中途加入，如果你繼續講完，她朋友會聽不懂你在講啥而感到無聊，但如果重頭講，目標再聽一次也會無聊，讓你講到後來只好草草收場。

要處理這種外來干擾，只要切斷自己的話題，用關於目標的否定來解除障礙的武裝，再引進新話題：

你：……我有一次只差三分鐘就到家了，突然發現罐子開始漏水……

　　（她的朋友到場，女孩們立刻互相打暗號。）

你：朋友介紹一下吧，這是禮貌。

　　（簡短介紹。你跟她握手，再次散彈槍否定目標，解除新障礙者的武裝。）

你：（給新朋友的新話題）你相信魔咒嗎？OK，你看這個……

還有，稍後別再回到原來的話題，除非她們要求，不然會顯得太刻意。

如果你不主動切斷爛話題、引進好話題來主導對話，無異於把這個責任推給女人。她會讓對話變得很無聊，然後認爲都是你造成的，所以你是個無聊的傢伙。你必須一次就做對，創造奇蹟，因爲她不會。

## 轉折點

「那你們是怎麼認識的？」這句台詞是在每個組合裡遲早要問的問題。花點時間默念幾次，習慣這句話，因爲你會經常用到。

乍看之下是平常、合理的社交常用問句，卻能促進對話並且提供實用資訊給把妹達人。例如，組合裡有兩個女人，你問：「那妳們是怎麼認識的？」其中一個很可能會說：「喔，她是我男友的妹妹。」這個訊息會改變你的遊戲計畫嗎？我打賭一定會。

重點不在她有沒有男友。如果你的手法夠高明，女人會背著男朋友出軌，根本不會提到她有男友。最重要的是，她應該不會在男友的妹妹面前搞外遇。

「那你們是怎麼認識的？」也可以分辨這個團體成員是一群同事，或你以爲有威脅性的人其實是目標的哥哥。（幸好你已經遵照謎男方法，在向他妹妹發出IOI之前，先用DHV慣例跟他交上了朋友。）

當你丟出這個問句的時刻就是該組合的**轉折點**（waypoint），通常會在三到五分鐘內發生。

## ■ 扮 演 僚 機

### 僚機守則

1. **先打開組合的人主導這個組合**：他有優先選擇目標的權利，但是僚機

也可能幫你打開。

2. **宗旨在幫助把妹達人把到目標**：如果你還可以從團體中把到自己的妹，很好，但這不是最優先的事。

3. **不要挾持組合**：絕對不要搶走目標。有時候玩家對團體下手時，會先忽視或否定想把的那個妹。僚機這時候就很容易趁機搶走目標的注意力──千萬不要。

4. **如果玩家在組合中因為進挪被封鎖、LJBF（Let's Just Be Friend，被「我們還是只當朋友就好」的理由打槍）或缺乏興趣指標而無法再推進，僚機可以嘗試自行搶救這個組合**。進入現場之前就要先喬好由誰決定。

5. **身為僚機要負責纏住障礙者，讓玩家有更多時間跟目標獨處。**

6. **永遠支持你的僚機**：不要站在女人那邊修理他，僚機永遠是對的。

7. **記住你的僚機是又棒又酷的人**：所以你才跟他一起混。畢竟你是有高標準的。

8. **別忘了僚機的感受對你很重要，甚至比女人的感受更重要**。如果他接近你的組合，你要轉身面對他（女人也會對朋友這麼做）。如果你不尊重僚機，會降低你對女人的價值！要打招呼或介紹他，不要讓他孤單地亂晃。


## 扮演僚機進入組合

「你們剛才是不是在說……」絕招

1. 玩家打開一個組合並有足夠時間通過社交上鉤點，通常在三分鐘左右。此時僚機接近玩家。

2. 玩家面向僚機問候他。

3. 然後玩家說：「嗨，各位，這是我朋友（名字）。」

4. 僚機說：「喔，你們剛才是不是在說……」
5. 玩家說：「對啦，有個女的對阿倫下了魔咒那次……」
   對話繼續進行，僚機現在進入組合了。

## 成就介紹

讓你的僚機介紹你的名號與成就：

· 「他就是那個（自行填空）的人。」
· 「這是謎男，他曾經漂浮在尼加拉瀑布上空。」
· 「我要介紹你認識葛倫，他就是報上寫的侵入電力系統、讓加州停電六小時的傢伙。」
· 「他跟十一月玩伴女郎交往過哦，好傢伙。」

這些都是**成就介紹**（accomplishment introduction）。如果你自吹自擂，就顯得太唬爛而且很刻意。但由僚機來做，比較能取信於人。你只需要一些小小的証明。像影印的剪報，有你照片的識別証，或是你跟其他美女的合照（秀照片慣例用的）。

記住，你不必透露真正的職業，只需要表達成就，讓它**轟轟**烈烈。你不必說謊，只要講得逼真一點，誇大一點。

成就介紹的絕招

1. 玩家打開組合並且有時間通過社交上鉤點。僚機接著靠近玩家。
2. 玩家面向僚機問候他。
3. 然後玩家說：「嘿，各位，這是我朋友（名字），他……（讓我發大財／是個大好人／是我認識的第一天才）。」
4. 僚機說：「哪裡哪裡」，然後跟組合互動一分鐘。

對話從這裡繼續進行，僚機進入組合了。

· 「這位是恰克，他是仲介商。」無聊。
· 「這是班德，他是超屌的剃刀樂團主唱，他們剛剛擠進排行榜。」肅然起敬。

你的偉大成就是什麼？寫下你的豐功偉業讓僚機使用，他跟有成就的人一起混，也會顯得很屌。

如果絕對會成功，你會用你的人生做什麼事？你的夢想是什麼？你心裡想要像誰一樣？越厲害越好！

當你跟僚機可以互講對方的故事，會是很強大的力量。

## ■ 講 故 事

當你講故事，整體上不一定要誇張。事實上，不誇張的故事比較好，因為你不能讓目標以為你們想要討好她。只要故事好玩、有趣，最重要的是抓住她團體的注意力，就會有用。如果這些故事至少有一部分來自你的真實人生，會最適合。

不露痕跡地傳達你的特色，觸動她的吸引力開關，能展現高度價值並產生吸引力。例如，一個故事可能同時觸動「男性領袖」與「保護親友」的吸引力開關，只要適時加入「……所以我跟他說我沒有選擇，那是我妹妹。結果他也跳進了車子。你知道我朋友都百分之百挺我，我也挺他們。我們就是這樣……」預選與其他開關也可能被觸動。

用講故事搭訕的訣竅：故事越簡短，越適合在加入組合的初期使用。用煽動與情緒化的方式描述。講故事時，男人比較在乎故事的真實性，女人

在乎聽故事引起的感官與情緒。所以，要把你的話加入這些要素。例如：

惡例：那傢伙竟然抓我的屁股，你相信嗎？我整個嚇傻了。

好例：我突然發現一隻強而有力的手在摸我，然後緊抓我的屁股。我
轉身，有個留一字鬍的男人對我猥褻地微笑，所有女人都在
笑。我從來沒有……這麼驚訝……又丟臉過……

注意這個一小段故事如何表達驚訝又困窘的情緒，兩者在故事中都很有
效。把三、四個類似的片段拼在一起，可以帶領聽者的情緒起伏。即使沒
有突顯你人生中提升價值的擬真陳述，只要呈現技巧夠好，這就是DHV。

## ■ 鎖 定 道 具

當你正在忽視與否定目標時，她可能出乎意料地離開團體。爲了避免
這情形，你可以用「道具」把她鎖定，例如把你的圍巾或帽子戴在她身
上，或把你的照片交給她（秀照片慣例的時候）請她拿著。這時你就**鎖
定**（lock in）她了。即使她暫時跑掉，稍後某個時點你還可以繼續跟她互
動。這也可以製造**信任感**，顯出你相信她會好好保管你的道具（她可以偷
走的），也讓她相信你。

如果她開始焦躁不安，用敘述方式在她面前晃動誘餌，例如，「待會給
妳看一個很酷的東西……不過現在不行……」然後繼續講下一個慣例。

## ■ 鎖 定

想像在酒吧裡有個雙人組，她們正在聊天，觀察著四周。當她們在吧台

等著點酒時，不要上前搭訕，因為A1與A2階段肯定會有很多外來干擾。最好等她們付完錢拿到飲料再說。

當你跟她們搭上線，女孩們背對著吧台，可以看見你背後整個空間的動靜，但你只能看到她們身後的吧台。以你的立場而言，這是輕微的權力差距。因為她們可以觀察全場，擁有視野上的優勢，感覺上會比你站的位置更自在。換句話說，你必須攻占她們的吧台位置。

## 攻占她位置的旋轉法

我跟女人說「像我這樣做」，把手伸出去，掌心朝下。她會服從嗎？如果是，我就可以把她牽到我指定的任何位置。

這是**服從性測試**（compliance test）。如果她抗拒測試，拒絕合作，我就表現得對她興趣缺缺。這時候我會發出IOD，然後來個DHV，再做一次服從性測試，藉此提高她的**服從門檻**（compliance threshold），以便回到牽手的「鎖定」手法，這次她會服從，遊戲繼續進行。

如果她服從了，伸出手配合我。我握住之後會說：「現在來個旋轉。」這是另一個服從性測試。

如果她服從，我會讓她旋轉，同時把她的身體牽離吧台，順勢走到她剛才的位置。現在換我靠在較有優勢的吧台位置，她面向我背對整個空間。現在看起來會很像我跟她們是一起的，而且是她在把我，周圍人等的干擾頓時減到最小。我主導了遊戲。

我說：「嘿，位子被我搶走囉！」用戲謔的態度偷走她的位子。她完全中計。如果我做得再完美一點，她會笑著搥我的手臂。

然後我講個慣例，讓她沒空恢復理智，同時繼續刺激她與她的團體（A2階段）。

一旦你打進了組合，整個現場的認知就會有180度大逆轉。似乎是女人

對你有興趣，而非你對她們。你不僅在對女孩們說話，更像是在領導她們。這種心理也會影響女性本身。很快的，你就會輕鬆地倚著吧台，你的目標會站在你雙腿之間，讓你執行進挪測試。

在A3階段，永遠要鎖定在組合中，通常是進入之後三到五分鐘。以上述例子，就是你的背靠著某個東西，讓女人背對整個空間面向你，或舒適地坐在她們中間。如果現場看起來像你在把她們，而非她們把你，你就還不算鎖定。整個現場應該看見你舒適地成為團體核心，這樣鄰近的組合才會認為你有高社交價值。

## ■ 角色扮演

戲謔的角色扮演能建立吸引力，在腦中想像一些荒誕的情境，向女人描述。最好是輕鬆好玩的，別太沉重。例如，「妳知道我想做什麼嗎？我們一起去希臘……我會讓妳穿上圍裙，在海灘賣熱狗，妳負責擺攤，我來監督。」

有時這種瑣碎的細節比較適合長篇故事。你要練習在一般對話中加入這些小細節，這不僅是有效的吸引工具，還能在舒適感階段創造出同謀的感覺，例如，「妳知道我打算怎樣嗎？我們一起去海灘……然後妳穿著修女服，我穿神父裝，我們在大庭廣眾下牽手親熱。」

## ■ 假性失格

在展示價值中利用**假性失格台詞**（false disqualifier），有解除武裝的效果，跟使用否定的功能一樣。這些台詞顯示自信、好玩、毫無所求，以高姿態表現出「我是掌控大局的人，我才是主角，我擁有選擇權。」

範例：

· 「我們才不可能來電。」
· 「我就知道我們一定處不來。」
· 「妳被開除了。」
· 「妳對我而言太善良了。」
· 「妳是護士？天啊，我不知道怎麼跟妳聊下去。」
· 「我根本不是當男朋友的料。嘿，那邊那個人看起來很適合妳。」
· 「我們分手吧，CD還我。」

如果你認為「跟女人說你們絕對處不來可以吸引到她」很不合常理，我完全同意。先讓你自己不像個追求者，然後展示高度價值。只要夠老練，這些挑戰性的無興趣指標就會非常有說服力。

## ■ 視 覺 記 憶 Ｄ Ｈ Ｖ

這項五分鐘的超勁爆慣例，能讓你表現出過目不忘的驚人記憶力。然後，你就可以教女人練習這招。「教導」這件事本身就是絕佳的十五分鐘慣例。

為了表演這項慣例，你必須學習一種稱作「記憶裝置」（mnemonic device）的輔助技巧。這個簡單的系統叫做「提示系統」（Peg System），效果有夠讚！

首先要背誦下列韻文：「一麵包，二鞋子，三樹，四門，五蜂巢，六棍子，七天堂，八大門，九線，十母雞。」（One-Bun, Two-Shoe, Three-Tree, Four-Door, Five-Hive, Six-Sticks, Seven-Heaven, Eight-Gate, Nine-Line, Ten-

Hen，都是英語諧音字）

記住之後，你就可以表演慣例了。

## 效果

拿出你的記事本跟筆，在紙上寫下1到10的十個數字。向你在組合中的新朋友說「我需要借用妳的腦子幾秒鐘，請隨便寫下十個字彙，不一定要很冷僻，但是必須完全不同。」每個單字跟數字並排寫好。

假設她寫下的字是（1）狗（2）汽車（3）水（4）跳舞（5）大麻（6）外太空（7）醜陋（8）飛機（9）拘束衣（10）CD。看她寫好之後，你再也不看，宣稱有過目不忘的超強記憶力。然後順向、逆向、隨機背誦。如果她喊出一個數字，你立刻說出對應的單字。她會認為你是天才。

## 秘訣

記住單字的方法是把它們跟你記憶中的十個提示連結在一起。她寫的第一個字是「狗」，第一個提示是「麵包」，所以在心裡想像一隻活生生的狗站在麵包上的畫面。這種詭異的畫面很難忘記。其實，越荒謬的視覺聯想，畫面越容易記住。稍後當她說出「一」這個數字，你心裡很容易聯想到：一＝麵包＝麵包上的狗＝答案是「狗」！表格上的所有字都比照辦理，你會驚訝地發現你的記憶清晰無比。

再舉個例：她選擇的第四個字是「跳舞」，第四個提示是「門」，所以想像好幾扇門板在舞廳裡跳舞。稍後你試著回想她選的第四個字，就會想起四＝門＝跳舞的門＝答案是「跳舞」！

同樣的招數其實可以適用於十、二十甚至三十個字彙。你也可以用同樣原理加入更多單字，以十個為一組。只要記住一組押韻的提示系統，然後對隨機組合練習個幾十次慣例，你就能隨時表演出來。

這個慣例的後半段是把這招教給女人。最好在第二天而非認識當晚就教她。她需要一個安靜的環境、不喝酒、十五分鐘不受干擾才能學會。我喜歡把這招用來當作開場白（如果我想要融合目前的組合跟鄰近的組合），在A2階段用來向團體展示高度價值，或當作孤立目標的理由。我在孤立她之前，會交給她什麼鎖定道具呢？就是記事本。

## ■ 團 體 力 學 ： 領 導 男 人 ， 女 人 就 會 跟 隨

人多就能壯膽，美女很少單獨出門。如果我只接近落單的美女，我的選擇一定會大幅減少。

### 單人組：目標只有一個人嗎？

比起團體，搭訕落單的單人組乍看之下很簡單。但是沒有團體可以展示高度價值，你只能直接對付目標。如果技巧欠佳，DHV看來會很容易像是在對她吹噓。而且如果她的朋友出現，單人組可能瞬間變成其他組合形式。事實上，所有的組合形式隨時都可能瞬間變化（例如單人組變成雙人組，或雙人組變三人組），你要有心理準備，尤其對單人組更要提高警覺。這種現象稱作**外來干擾**（external interrupt），發生時你必須能夠隨機應變調整手法。

單人組的情境中沒有障礙者，就她一個人，直接跟她搭訕，不要刻意地等待眼神接觸。直接迎上前去，當她抬頭看你，你也看著她的眼睛微笑。搭訕時一定要微笑，這樣比較不具威脅性。

如果你從遠處看見目標，而且判斷她是單人組，就可以等到她發現你，然後立刻走過去，也可以不多等待直接上。注意：不要有了眼神接觸卻沒有馬上接近，只想著要等稍後眼神再度接觸才接近她。如果你這麼做，組

合就變調了。

　　違反三秒法則可能讓她認為你想搭訕她，但是臨陣怯場。最終你還是有可能搞定組合，但是已經陷入了亡羊補牢模式。

　　從女孩子注意到你，到跟你主動搭訕之間的間隔越短越好。微笑進場，使用你喜歡的任何開場白。雖然你直接打開她，但應該是篩選框架，不是乞求框架。要表現出一副「你對她好奇，而且有興趣一探究竟」的樣子。針對單人組的開場白可以比其他組合形式更為直接：「我想知道妳除了外在美，還有沒有內涵。」然後啟動另一個比較間接的開場白。

## 雙人組：目標跟另一個人在一起嗎？

　　比起三、四個人以上的組合，雙人組是特別具有挑戰性的情境。現場大約有四分之一的目標都來自雙人組。

　　你的目標的友人就是你的**障礙**（obstacle），唯有解除障礙的武裝才能把他或她變成朋友。

　　如果她沒有落單，不要直接上前搭訕。這麼做會異化另一個比較不美的友人，或者（更糟糕）她男友。他／她會變身為目標的忿怒守護神，然後把她帶走。（若是她的男朋友，可能認定你是侵略者，所以積極地保護自己的資產不受侵犯。）

　　所以，你必須先贏得障礙的支持。其實你可以善加利用這點，避免跟目標眼神接觸，故意忽視她。如果她沒有明顯感到被忽視或冷落，就不會有主動接觸你的動機。目標開始講話時，你可以立刻否定她：「妳幹嘛打斷朋友講話呀？我們剛講到哪了？對了……」然後繼續跟障礙聊天。障礙會對你無心且不傷大雅的否定一笑置之，這也會讓你的目標暫時覺得不好意思。繼續跟障礙談話的同時，利用鎖定道具綁住目標，讓她聽到並且接收到你的DHV。被否定之後，她會試圖盡快彌補她在你眼中的形象。她會追

逐你。你則要繼續一面否定她一面展示高度價值，最後在A3階段抽出時間稍微注意她一下。

如果目標在雙人組，你就不能孤立她，因為障礙會落單，這通常不太妙。況且你也不宜孤立目標。如同前面的例子顯示，障礙也可以轉化成你的優勢。

但是別花太多時間跟障礙講話。通常五到八分鐘已經足以解除武裝、培養好感。花太多時間可能會讓目標誤認為障礙真的喜歡你，導致她刻意迴避。你一旦發現障礙喜歡你，就要明確地把注意焦點轉向目標。「（目標名字）跟我看對眼了，妳不反對吧？只要她也OK，我們就是黃金拍檔了，哈哈！」請注意其中解除障礙武裝的散彈槍否定。

最後在A3階段，你要藉著讚美目標，向她透露你喜歡她的某些優點——要讚美她的個性，而非外表。例如：「我看得出妳是朋友們的開心果，我喜歡。」

孤立雙人組其中一個女人以便建立舒適感，有時候很困難。因為她丟下朋友會覺得良心不安。這時讓僚機加入你的組合或許會有幫助，但只能在到達社交上鉤點之後，他可以幫你絆住障礙。這樣你跟你的僚機就可以瓜分組合，一人一個。

如果障礙是男性，這就是所謂的混合雙人組。當女人跟男人在一起，要假設他們只是普通朋友，打入整個團體，跟男人聊天，先跟他交朋友。解除他的武裝之後，你就到了問「你們是怎麼認識的？」的轉折點。如果他是男朋友，你就當作純交友，也不必費心向女人自我介紹了，以免惹禍上身。如果他不是男朋友，就可以對她下手。

記得要在他面前用不帶羞辱的方式否定她。當她開始浮躁或想要爭取你的注意，你可以再否定個兩次，然後終於注意她。男人會退出並眼睜睜看著你把這個女人。你會很驚訝地發現：他們經常就這麼默默的消失了。

## 三人組以上：目標跟兩個以上的人在一起嗎？

雙人組加上一個僚機就是三人組。你可以在三人組之中孤立目標，如果不行就先讓大家聚在一起，設法跟大家建立舒適感。你可以在另外的情境製造機會孤立她。

三人組很類似雙人組，有目標也有障礙，只是三人組多了一個障礙，你必須解除兩個障礙的武裝。你同樣要否定目標、展示高度價值以獲得障礙者的接納。搞定障礙並且開始獲得目標注意之後，你才可以問障礙是否允許你跟目標獨處一下。他們會說OK，因為他們喜歡你，甚至會刻意迴避讓你們好好相處。在雙人組之中，目標可能不願在A3階段被你孤立，因為她不想丟下朋友一個人。但是在三人組之中，你跟目標獨處時，她的朋友還可以互相作伴。


- 「我們來看看那個房間有什麼好玩的。」（讓她挽你的手臂，像散步一樣。）
- 「嘿，各位，我要借用你們的朋友一下下，就在那邊的沙發上。」
- 「嘿，各位，我剛剛冷落了你們的朋友，我要補償她一下。我們馬上回來。」
- 「我覺得你的朋友跟我看對眼了，你們不反對吧？」
- 「我可以借用你們的朋友一下子嗎？」
- 「我喜歡你的朋友，我可以跟她說幾句話嗎？」
- 「我們挺喜歡對方的──你贊成嗎？」
- 「我很想再見到你的朋友──你不會反對吧？」
- 「好，那我們馬上回來。」
- 「沒問題，請給我們一分鐘，因為我也該走了。」

在混合組合中，解除所有男性的武裝，向目標發出興趣指標之前，先弄清楚每個人的關係。

## ■ 抵押

對於特別優質的美女，經常需要展示預選價值才能搭訕她。例如在你打開10分的組合之前，可能要先打開旁邊7分或8分的組合，吸引她，讓她挽著你。這時她就成了你的善意**抵押品**（pawn）。成功地展示預選價值之後，再來打開10分的組合。因為你被認知的價值很高，應該很容易。有別的女人在場，你的搭訕也會顯得比較不具威脅性。

跟10分在A3階段的某個時候，她努力贏得你的感情，你可以「選擇」她而放棄7分。7分可以回到朋友身邊，絲毫不傷感情。

抵押品可以帶著在現場展示以建立社交認證。她可以用來打開其他組合，不費吹灰之力，也可以稍後用來製造戲劇性或嫉妒心。

抵押品通常是不知不覺地參與你的遊戲，有時他們是知情而且願意的。

## ■ 樞 紐

**樞紐**（pivot）就是你帶進現場用來建立社交認證、打開組合、製造嫉妒與支開障礙的女性友人。

為了報答她，你要讓她開開心心，幫她認識眾家男士。訓練精良的樞紐比厲害的僚機更管用。使用抵押與樞紐都可以顯示你的社交價值。

## ■ 順向與逆向融合

你在現場獲得經驗之後，試著練習融合組合。成為介紹別人互相認識的社交大王。有以下兩種主要的融合形式：

**順向融合**（merge forward）是指打開一個新組合，然後把你現在的組合加進去。通常抵押就是順向融合的例子。

**逆向融合**（merge backward）是指重新打開先前的組合，然後把你現在的組合加進去。這招特別有用，因為你的目標如果在雙人組，孤立她就會讓她朋友落單。如果把他們一起帶入另一個組合，變成更大的組合，你就可以孤立目標了。你就說：「我們要過去坐那邊，待會兒也一起過來，但是先給我們幾分鐘。」

記住，你不只是在跟組合進行遊戲，而是整間夜店。現場有誰也在融合組合嗎？可能沒有，你必須成為全場最有社交能力的傢伙。

## ■ 如何練習遊戲手法

· **執行MM菜鳥演習**至少一兩個月，每小時打開三個組合，每晚四小時，每週四晚。

· 遵守三秒法則。

· 至少記住一個**開場白**、一個**否定**、一個**假性時間限制**，還要有個備用慣例，這樣才有辦法對組合自由發揮。

· 練習**表達方式**，包括肢體語言、身體搖動、聲調、舒適的態度跟堅強的框架。一直重複練習，讓你的表現更加自然。

· **不要期望任何結果**，要像在做喜歡的事一樣享受過程。

· 別太挑剔組合，那只是練習罷了。打開混合組合，世界上有很多好人值

得認識。

· 練習盡快把自己**鎖定**在組合中。

· 練習**多重對話脈絡**與**切斷話題**。

· 每兩天多學一個新慣例，至少準備一兩個好故事來說。

· 幫僚機準備一個**成就介紹**讓他進入組合，他也要介紹你。

· 每隔幾個晚上要增加一個新否定、一個假性失格、一個角色扮演或其他罐裝材料。練習然後投入實戰。你總有一天會需要這些派上用場。

· **如果你腦中一片空白**，要有處理這種難關的標準流程。現在就開始準備，以免臨時出糗。即使經驗老到的把妹達人也有卡住的時候，他們只是事先準備了好幾個故事以防萬一，例如丟個慣例會很管用，讚美然後發問也不錯。另一個方法是，想個你經常問的問題，改成敘述句型。平時問「你有幾個兄弟姐妹？」這時要說「我打賭妳是家裡的老么。」練習即興對話，這樣比較容易進入健談狀態，任何事都可以聊（小心不要展示低價值），好過什麼都不說。只要你一直講話，就能表達個性。

· 盡量利用每個組合來練習，盡量使用**進挪升高**與**服從性測試**。現階段最需要熟練的概念就是進挪升高（第七章有詳細說明）。

· 放心大膽地索取電話號碼當作練習。在你練習的初期，成功率可能不高，即使拿到號碼也可能被放鴿子。總之，為了累積經驗值，電話還是打打看吧。

■ **重 點 複 習**

在A2階段，你向組合**展示高度價值**同時**否定**目標。她會以**興趣指標**回應，這可以用來衡量你的進展。

- 某些興趣指標要有一些基本的吸引力才會出現。女人對你的興趣程度，或許願意跟你一起坐，但不足以跟你一起離開現場。
- 最重要的興趣指標是：你閉嘴的時候她會自己找話題、竊笑、觸摸你、想要親近你、跟你建立舒適感。
- **被動興趣指標**有時候是女人唯一釋出的指標。所以把妹時利用**服從性測試**很重要。女人偶爾會發出**假性IOI**以達到自己的目的，但是大多數時候人們並不會意識到自己正在發出興趣指標。
- 還有**無興趣指標**（IOD），當一個女人發出無興趣指標，代表她沒興趣也不願意投資在互動中。
- **否定**是沒興趣的一方才會說的無害敘述，其實就是一種無興趣指標。
- 否定有三種：表示沒興趣並且解除團體武裝的**散彈槍否定**，驕傲戲謔、用於調情的**挑逗否定**，以及誘導目標誤認自己展示了低價值的**狙擊槍否定**。
- 任何能夠展示較高的生存與繁殖價值的行為，都是**展示高度價值**（DHV）。
- 相對地，也有**展示低價值**（DLV）。
- 綜合運用DHV與否定，把妹達人就能解除障礙的武裝並且交上朋友，讓自己可以掌握目標所屬團體的社交認證。同時，否定讓她渴望獲得你的認同，她會以IOI回應，這就是A2階段。
- 互相熟識的人講話時，通常會使用**多重對話脈絡**。而剛認識的人，就會用比較線性的方式講完一個話題再接到下一個。使用多重對話脈絡可以營造出你跟目標已經認識很久的假象，也可以保護自己免於陷入話題卡住的窘境。
- 某個話題對你無益的時候，放心地切斷它，換個新話題。即使切斷的是你自己提出的話題，有時仍是必要的。

- 「那你們是怎麼認識的？」這個問題通常會出現在每個組合中，可以套出非常有用的情報。

- 講故事應該要傳達你的正面成就與個性，讓聽者體驗好玩的故事、有趣的想法或情緒轉折。故事不一定要驚人或誇張離奇，只要切身而且有趣就好。越簡短越好。

- 有時你在A2階段必須把自己**鎖定**在組合裡，最好是背部靠著什麼東西，讓女孩子背對整個空間面向你。

- 你故意忽視目標的時候要利用**鎖定道具**綁住她，確保她覺得無聊或分心時不會溜走。

- **抵押品**就是你剛剛把到並且帶在身邊以建立社交認證、打開其他組合、製造嫉妒感、幫助她認識男人的女人。

# 07

A3：MALE-TO-FEMALE INTEREST

A3：男對女的興趣

旦產生興趣，遊戲就正式開始了。大家常誤以為光靠吸引力就能把到妹，其實必須先讓她**投資**在互動中，然後跟你建立親密感才行。吸引力很有用，可以引誘她投入，除此之外，吸引力不過是幻影罷了。她可能今晚跟你調情，但不保證明天會回你的電話。我們必須設法掌握最初的吸引力，讓她展示高度價值，這樣我們才能發出興趣指標。

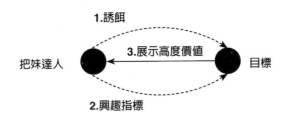

　　吸引力可以說只是工具罷了。在A3階段，你要利用她的興趣，結合孤立與篩選，誘使她展示自己的價值。當她展示價值企圖贏得你認同，你要用興趣指標獎勵她，然後用同樣的流程繼續引誘她，讓她必須投資才能得到回報。當她展示價值之後，同時受到你的獎勵，並被引導要展示出更多的價值。

　　這一切都要追溯到配對關係（pair bonding）。在演化過程（與情感層面）中，女人上床要承擔的風險比男人大多了。她光是被你吸引是不夠的，你必須準備好跟她建立配對關係。她必須確定她在洞穴裡懷孕的時候，你會留在她身邊為她狩獵找食物。否則你可能搞大她的肚子，又繼續

去追逐其他女人，害她慘兮兮。

當然我們講的只是感覺上而已。真的必須要有「配對關係」嗎？當然不是，因為到處都在發生一夜情啊。那這有什麼意義？

意義是女性仍然有這樣的情感電路，這仍然是影響行為的因素之一。她的情感上偏愛具有高價值的男人，高到她必須努力投資贏得他的青睞。

換句話說，她想要覺得自己對他很重要，不只因為美貌，而是因為她的個體性。她需要感受到這份感情得來不易而且害怕失去，然後令他為她「傾倒」。讓他的配對關係電路不知何故被觸動了。

## ■ 框 架 控 制

框架是潛在意義，是周邊背景與暗示──你說的每句話裡隱含的假設。

如果某人問你：「今天有釣到魚嗎？」就是在暗示你是出來釣魚的。他沒這麼說，但是聽眾會信以為真，這就是框架的一部分。

框架賦予了情境背景的意義。例如某人說：「Yeah, that guy got off」，這句話是什麼意義？要看情境而定，可能是他剛下班、剛從法庭打贏官司獲釋，或是跟女人爽到了──三個完全不同的意義。「框架」決定了哪個意義適用。

因此人們跟別人互動時經常會玩**框架遊戲**（frame games）。人們藉著行為徵兆與言語暗示表達他們的假設。如果表達方式具有足夠的一致性，別人會毫不懷疑地接受框架就是現實。

如果你的框架夠強，你做什麼事都是對的。這個概念隱含在本書的每一個忠告之中。如果你有正確的框架而且夠堅定，你就能打破所有規則，做什麼事都能成功。你可能搭訕技術上有瑕疵，但她還是會回應。對菜鳥而言，買酒請女人是個爛招，但是每個人都聽過有人請客結果還是把到妹。

哪個才是對的？要不要買酒請客？**現場會給你答案。**進入現場，聽從你的**直覺行動。日子久了你自然能夠社交標準化。**

　　女人必定會測試你的一致性。如果她可以輕易把她的框架套到你身上，你就是很嚴重的展示低價值。事實上，這樣的DLV很可能會毀了你跟她上床的所有機會。如果你連她都不敢違抗，她怎麼能信任你在危急時刻會為了她跟子女挺身奮戰呢？她跟強者在一起的安全感，是潛意識擇偶策略的主要因素。如果你天生沒興趣保護你愛的人呢？至少要假裝到你得手為止吧。熟能生巧。

　　小心，現場有些男人也會對你玩框架遊戲。如果男人在你的組合面前把你當工具耍，他就展示了高度價值，可能會搶走你要把的妹。女人幾乎永遠會選擇高價值、框架強的男人，她會毫不猶豫地拋棄先前跟你建立的小小關係，即使你是她的男朋友也有可能。

　　唯一能制衡這個現象的因素，就是她對你的投資程度──如果她已經在你身上投注了很多時間精力，轉投他人懷抱的心理困難度會高得多。

## ■ 圈 套 理 論

　　人們玩的框架遊戲之一，就是測試你是否會跳入他們的**圈套**（hoop）。例如女人可能叫你幫她拿皮包或買酒請她。以下是其他例子：

- 她給你一個假性IOI，看你會不會開始追求她。
- 她講話引誘你開始對她炫耀。
- 她給你一個假性IOD，看你會不會擔心而有所反應。
- 她要求某件事，誘使你必須解釋或向她道歉。

這些都是女人用來施展女性權力的圈套範例。如果你幫女人做事、追她、向她炫耀、向她反應、向她道歉、向她解釋自己，全都是她可以偵測並利用的興趣指標。

如果你跳進她的圈套，會發生兩件事：第一，她會覺得很爽，心中獲得某種原始的滿足感；第二，她可能對你失去興趣。她喜歡這種感覺並不表示你有機會跟她上床。

請小心！一方面，你不希望成為被玩弄的呆子；另一方面，應該要自信且放鬆地享受與女人互動的時刻。你不能變成老是玩權力遊戲的社交機器人，別人未必永遠想要陷害你。

當圈套出現時，一般受挫的拙男（AFC）會迫不及待跳進去。他以為可以趁機表示他有多麼在乎她，以為這樣很浪漫，能夠贏得芳心。但是你不必跳進她的圈套裡，你可以原封不動地奉還，或者設下一個新圈套讓她跳，甚至可以完全不甩她──沉默通常是最佳的回應。範例如下：

### 設下新圈套

女：你為什麼跟我講話？

你：妳的口紅一向塗成這樣嗎？

或者

你：（對她朋友說）她老是這樣嗎？聽著……（展開新慣例）

### 無視她的話

女：你的上衣是怎麼回事？

你：……（沉默）

或者

你：嘿，各位，聽我說，上週末我朋友跟我……（展開新慣例）

原封奉還

女：你願意買酒請我嗎？

你：先請我喝酒再說。

對話都是有來有往的。如果她設圈套給你，只要**你先讓她跳進你的圈套**，其實就跳進去也OK。範例如下：

範例一

女：你幾歲了？

你：妳猜。

女：嗯……26歲？

你：差不多，其實我28歲。

範例二

你：妳幾歲了？

女：你猜。

你：你要我猜老一點還是小一點？

女：小一點！

你：好吧……我想妳看起來大約22歲。

第一個範例中，她問你的年齡，但是你不直接回答，而是先讓她猜。在第二個範例中，她對你施展同樣的手法，但是你的框架比較強。

關於圈套很有趣的一點是，**看起來越像是圈套，別人跳進去的機率越低**。例如有人問你：「嘿，老兄，你出去的時候可不可以幫我帶杯水？」這是很合理的圈套，大多數人都不會拒絕這個請求。但如果他說的是：

「嘿，呆子，你給我站起來，像個娘兒們一樣，到廚房去拿杯水來。」確實，很少人會落入這個圈套，這等於接受了自己是娘們的框架。所以你要從小處著手，引誘目標無意中進入一連串的小圈套：「妳能不能幫我拿一下飲料？謝謝。」久而久之，當她落入你的框架，圈套可以變得更大、更頻繁。在社交力學中，這個過程叫做**服從動能**（compliance momentum）。很快她就會開開心心幫你按摩、做晚飯，但是要先從讓她猜年齡這種小事開始。

## ■ 角色逆轉

我在前一章討論過如何藉由角色扮演製造吸引力。值得扮演的好角色（或許是最讚的一種）就是要比目標擁有更高的社交價值。事情必須照著你的安排走，否則她會覺得你缺乏吸引力。

你行為中的小徵兆可能會違反你的假設。所以你藉由假設所傳達的框架，必須是她喜歡你、追逐你的狀況，同時你有高價值，有權決定是否要繼續跟她玩，你要篩選她以確保她夠資格與你為伍，這很重要。如果她想要在她的劇本裡安排DHV的橋段，她就是在追你。

注意，如果你不控制框架，女人就會採取這個策略，藉著她說的每件小事來設定她自己才是主角的框架。你絕不能落入這個框架，而是抓住這個圈套再利用。

例如，開始搭訕幾分鐘之後，你做了一些輕微的進挪（肢體接觸），你可以說：「妳知道嗎，妳真的很厲害。」她一定會回答：「厲害什麼？」或「這是什麼意思？」你就回答：「妳的社交技巧讓我多花了三分鐘在妳身上，有一套。」然後微笑著繼續進挪。

注意隱含的假設：你才是主角，你才是被追的人，由你決定是否要進展

到下一個階段。輸家才會將任何把得到的女人都照單全收，挑剔的人才是贏家。而她的情感電路設定是自動地對贏家有反應，因為吸引力是情不自禁的。

角色逆轉（role reversal）的範例如下：

· 「別以為買杯酒請我就可以有什麼好康。」

· 「天啊，妳一向這麼主動嗎？」

· 「我不想太猴急。」

· 「我不想受傷，我需要很多舒適感跟互相信任。」

· 「我想多了解妳一些。」

· 「我第一次約會不做這種事的。」

· 「嘿，別亂摸喔。這可不是免費的咧。」

· 「我自己會判斷。」

· 「妳只是想要我的肉體而已吧。」

· 握著她的手，當她回握時抽回來，說：「別這麼猴急嘛」。

· 「妳一向這麼急嗎？」

· 「……是啊，如果妳走運的話。」

· 「我還沒準備好要談感情。」

· 「我今晚穿了舊內褲，以免發生不該發生的事。」

· 「我敢發誓妳們女人滿腦子只想著那檔事。」

· 「咦？妳在性騷擾我嗎？」

· 「妳真是個好女孩。」（必殺台詞！）

· 「那邊那個人看起來很適合妳耶。」

· 「我根本不認識妳。」

· 「我們還是當朋友就好。」

上述台詞都是態度正確的人可能會講的範例。加減記幾句，下次用在組合中，看看情勢如何變成對你有利。台詞本身並不重要，而是隱含框架的內在力量。當你擁有強力的內化遊戲手法，正確的台詞會自動從你嘴裡冒出來。如果你的內化太弱，就多背幾句上面的台詞，營造出你才是主角的幻覺。你很快就會是了。

還要注意，當你調侃她太過主動或想騙你上床，並不表示這是事實，你只是故意曲解狀況。但如果你的框架夠強，她會被吸進去，煞有其事地回應。記住，女人就是會回應高價值的男人。

## ■ 要 有 標 準

以下是對女人標準太低的範例：

・吃得到的來者不拒（而且數量不多）。
・妳沒啥特色，我勉強接受妳是因為沒別的砲友。我很慶幸有人願意跟我這種遜腳上床，顯然那個人就是妳。
・跟我在一起讓妳覺得很糗、被利用。

反之，向女人展示你的標準很高的方法如下：

・我有很多女人可以選擇，我向來對女人很有一套。
・如果我真的喜歡上妳，不只是因為妳的外表，而是因為妳獨一無二，配得上我的高標準。
・我只跟優質女人在一起，妳正好就是。

記住，女人對這種事非常敏銳。她們可以分辨你是屬於哪一種，而且會有不同的情感反應。

一般男人搭訕女人時，都假設她會挑剔，而且希望自己能通過她的考驗。他想著：「天啊，妳真性感，妳有男朋友嗎？我可以買酒請妳嗎？」正因為這種態度，行為中的徵兆就會透露出錯誤的框架。她的吸引力電路會接收到這點，而對你失去興趣。

所以如果你**有標準**（have standards），反過來的作法就是正確的：行為中的徵兆顯示出你是挑剔、優質的男人。她會因為察覺到這點而對你產生興趣。她預期有潛力的男人都是很挑的。以下是值得考慮的標準：

・能照顧自己的美女
・善於交際、有人緣的女人
・熱愛生命的女人
・活力充沛、態度樂觀的女人
・不是怪胎的女人
・懂得感官愉悅、不幼稚的女人
・能追求自我實現而非等著朋友認同的女人
・高尚、聰明、有知識的女人
・冒險犯難、充滿想像力的女人

■ 篩 選

重點在讓她希望自己夠格配得上你，因為你是高價值男人。沒錯，你對她感到好奇，但你想要多了解一些。她聰明嗎？她有沒有很多朋友？她跟家人的關係好不好？她會不會跳舞？（你知道這是什麼意思！）她最近做

過的瘋狂事是什麼？她會做菜嗎？

- 「妳除了長得美還有什麼優點？」
- 「妳長大後想當什麼？」
- 「這裡有很多美女，但是真正重要的是活力、智慧，以及個人特色。妳讓我想要深入了解的特質是什麼？」
- 「如果魔術師能把妳變成任何人……妳最想變成什麼？別說是公主。」
- 「妳哪位啊？」
- 「妳喜歡動物嗎？」
- 「妳幾歲了？」（然後假性失格：「天啊，妳只是個小妹妹。」）
- 「告訴我，妳的三大優點是什麼？」
- 「妳上過學嗎？妳聰明嗎？妳有很多朋友嗎？」
- 「妳會做菜嗎？妳會不會按摩？妳敢不敢冒險？」
- 「妳是熱情的人嗎？」
- 「有些人自認心胸開放、勇於冒險，他們計畫很多……他們老是說想認識新朋友、減肥或是去旅遊，但是從不實踐，只會出一張嘴而已。妳會這樣嗎？」

　　你不能大剌剌表明你是在篩選她，要很隱晦，她會自己察覺出來，而不會覺得自己被挑三揀四。她心裡的吸引力開關會被觸動，然後想：嗯，這傢伙在篩選我，看我值不值得繼續投資。

　　她會自然地假設她的真命天子是挑剔的。這是她預料中的行為，所以是強力的DHV。設定了正確的框架，又是她等候的訊號，就能引誘她投資。

　　那麼你如何用背誦的慣例向她表示她被篩選了？問個篩選的問題，在正確的時機發出IOI與IOD，透露你選擇朋友的真正標準。你也必須準備一些

小故事來顯示你是有標準的。

## ■ 間 歇 性

馴獸師都知道，間歇提供獎賞比持續獎賞有效多了。同理可證，向目標發出IOI當作獎賞也必須出乎意料才好。方程式裡一定要有不確定因素，對方才會覺得比較吸引人，可以體會到希望、懷疑、驚訝、渴望、患得患失等等多種戲劇化的情緒。

所以用IOI獎賞她只是最簡單的詮釋罷了。其實我們是穿插用間歇性、突然的IOI與IOD獎賞她的投資。這種忽冷忽熱、推推拉拉的動力非常能夠刺激情緒。當她如此受到獎賞，比較可能追求你，並配合**服從性測試**。

. . . . . . . . . . . . . . . . . . . . . . . . . . . . . . . . . . . . . . . . . . . . . . . . . . . . . . . . . . . . . . . . . .

**促進投資的問題**

・妳最愛的顏色是什麼？

・妳的高中時代好玩嗎？

・妳昨天晚餐吃啥？

・妳去過醫院急診室嗎？

・妳第一次喝醉是什麼時候？

・妳對兄弟姊妹會保守秘密嗎？

・妳有不愉快的分手經驗嗎？

・妳最愛的食物、假期或旅遊地點是什麼？

. . . . . . . . . . . . . . . . . . . . . . . . . . . . . . . . . . . . . . . . . . . . . . . . . . . . . . . . . . . . . . . . . .

## ■ 進 挪 升 高

**進挪**是「動覺」（kinesthetic）的簡寫，指的是觸覺的感官。把妹達人談到進挪時，指的是任何形式的肢體接觸。

遊戲的重要原則之一，就是**凡事都沒什麼大不了**。典型的笨蛋帶女人出

去約會，希望在當晚結束前獲得親吻，所以要表現得非常尊重她。隨著夜晚過去，他越來越接近說再見的尷尬時刻，讓他必須出招爭取親吻，這就是**過度重視**。

如果你們的初吻很怪異又尷尬，或許就成為你們的最後一吻了。女人對這種事很苛求的，她們有邂逅白馬王子的幻想，想像非常完美，一切都得自然而然發生，而且感覺非常美妙。事實上，如果你是有練過（閱讀加練習）的，事情就會這樣發生。

如果事情發展的方向正確，永遠不會有積極索吻然後「創造奇蹟」的所謂「重大時刻」。**情況應該是從打開組合直到上床之間一連串進挪的自然流程，一切應該天衣無縫**：一連串細微、自然進行的時刻，很少有讓你印象深刻的波折。她感覺到像是自然而然的聯繫感。所以進挪是從組合的初期一路**升高**。

想像兩隻水母靠近彼此漂浮，起初有幾根觸鬚幾乎碰到對方，觸鬚捲曲、接觸、滑掉之後又接觸。越來越多觸鬚加入舞蹈，接觸增多，其中幾根觸鬚開始用力拉扯。兩隻水母之間好像有些能量，強力的化學作用隨著交纏與靠近而累積。你跟你的目標就像是水母。

沒有某人應該出某招的特定時刻，而是十幾個特定招式累積出隱晦、有意無意的加速作用。有些招式可以重複，從接近到性愛的典型過程，通常要有三十次以上的升高。

影射、小暗示與碰觸，起初作用是營造戲謔感同時製造合理的推諉。你們碰觸會有觸電感嗎？這都是自我強化、自我推動的滾雪球效應，在你跟你的新女朋友之間引起小電流，然後蔓延到不容忽視的程度。

穩定步調的進挪升高才重要，肢體接觸倒是其次。後者不只是足球場上等待進攻以便接近目標的幾碼距離；這段距離要運用各種橋段與招式，在你跟目標之間製造某種化學作用，產生期待與緊張的氣氛。

## 升高的機會之窗

當你追一個女人（展示價值、無所企圖、刺激情緒、控制框架、製造聯繫等等），機會之窗會週期性地開啓，讓你升高進挪。如果你錯過暗示，窗口關閉，就是展示了低價值。她的耐性會很快被磨光。錯過太多機會，她會認定你不是太膽小不敢出手，就是太無能不知道怎麼做。你不能顯得缺乏社交智慧，因而無法主導過程。這都是展示低價值。

如果她站定跟你講話，繼續升高就對了。永遠要假設你們彼此來電，這也是改善你標準化的最佳方法。一旦你的力學標準精確無誤，所有的升高都會順利發生，這就是累積各種技巧的長程目標。而進挪的形式包括：

・挽手臂

・雙手碰觸

・擁抱

・從背後熊抱

・親嘴

・親吻或輕咬脖子

・手放膝蓋上

・坐在大腿上

・環抱腰部

・摸臉

・嗅或拉扯頭髮

・手放在臀部


## 另類觸摸

要碰觸女人的手時，不能像青少年宣示主權一樣大剌剌的「手牽手」。

你可以看手相、玩拇指角力或教她很新奇的握手方式，或在跳舞時牽手讓她轉來轉去。

重點是當她習慣你碰觸她的手，這種簡單行為應該讓她覺得自然又正常。不要顯出你對人家有所企圖，像其他男人一樣想摸她的手或抱她。你的碰觸要創造出好玩、適當的舒適感。而且每次碰觸不要久到讓她覺得彆扭的程度。

### 別找藉口

觸摸時不要試探或膽怯，要大方且自信。觸摸（男人跟女人）是你這種雄性領袖展示管轄權的方式之一。

### 永遠主導，但要循序漸進

讓別人跳進微小無害的圈套比較容易，這個原則要牢記。這樣當你的圈套慢慢越來越大越明顯，他們仍會不知不覺落入你的框架。

因此，當你執行旋轉術，不能說：「好，我要帶妳轉圈圈，把手伸出來。」這個圈套太大了。除非你展示了很高的價值，否則女人可能會抗拒，造成不必要的麻煩，因為這事關她們的自尊啊。你應該說：「像這樣……」然後伸出你的手，等她學你的動作時，你就順勢牽起她的手。然後說：「現在轉個圈……」帶她原地轉圈。每個步驟她都很容易跟隨，一步一腳印，懂了嗎？互動的全程都要像這樣子帶領她。

### 進一步退兩步

打個比喻來說，升高的時候要進一步，察覺任何猶豫或抗拒的跡象，就退兩步。然後再次前進。例如，你牽她的手讓她有點猶豫，就立刻放開她的手。稍後你再牽她的手，她會比較有服從的心理準備。原則上，就是讓

「退兩步」的彆扭感超過「進一步」，這樣目標比較可能服從你接下來的攻勢。

## 製造緊張，然後把它推開

「親愛的，我們最好慢慢來……」有些人認爲男人的天職是升高，女人的天職是抗拒。但你要把兩者都當作你的責任。如果你一直想要進挪，像在足球場上步步進逼，就會發出太多興趣訊號，剝奪了女人最愛的忽冷忽熱、推推拉拉的能量。

當你逼近一個女人，一定有緊張的氣氛。在某個時點，若她覺得太彆扭，就會撤退。這不是你要的，你並不想讓她跑掉，而是希望她來追你。

所以，一旦製造出緊張之後，就是推開她的時機。這可以是肢體上（你可以說：「好了好了，別黏著我。」）或情感上的意義，例如轉身、假性失格，或其他IOD。你可以設定你是主角的框架，今晚你不會讓她對你怎樣，因爲明天還要上班。

你推開她就會激發吸引力，她會比較戲謔地回應你，同時製造出舒適感。如果你一直把她推開，她就不會覺得你有所企圖，跟你玩的時候很有安全感。她可以讓情緒刺激升高，不必爲了自我保護而強制關閉。推開之後再把她拉近，對她的刺激會更強烈。

所以，拇指角力或看手相之後把她的手放開。設計一個進挪慣例，在角色扮演中擁抱她幾秒鐘，然後推開她。交錯訊號……靠近她說你們絕對不會來電，但是同時用手指撫摸她的臉頰。然後轉身，運用身體搖動加上IOI、IOD、假性失格、角色扮演、講故事等等方式。

## 進挪迴響

進挪迴響（kino pinging）是指兩個人之間吸引力增強的現象。例如，你

推一個女人的肩膀，她也推你肩膀，你們兩個就是在進挪迴響。旁人很快就會叫你們去開房間。這是吸引力的指標兼發電機。通常這種事會從互相鬥嘴開始，測試一個女人有沒有迴響非常容易。進挪迴響很類似IOI迴響。

有時候，刻意瞞著團體進行進挪迴響比較有趣，能夠顯示謹慎、建立同謀意識、增加刺激感。

## 剝奪

勤練轉身與其他IOD的時機。在她感到情緒刺激最強或最需要認同的時刻，你就稍微轉開，讓她更靠過來一點說：「等等，你說那隻小狗怎麼了？」要練習幾次才能掌握最佳時機。記住，吸引力只是充當誘餌的工具。

當她把你拉回去，你要用間歇性IOI獎賞她。而剝奪的最佳時機是在DHV之後、目標感到強烈吸引力的一刻，很有趣吧？這就是她最有可能把你搶回來的時機。同樣地，發出IOD的最佳時機是在升高之前，因為這樣她最有可能接受升高。例如，你在親吻她之前轉身背對她，她比較可能接受親吻。這種事必須在現場實驗，以便做到最佳標準化。巧的是，A3階段的剝奪層面正好呼應電影《追女至尊》的第三法則：欲擒故縱。

這是使用「妳有眼屎」、「妳的口水噴到我了」、「面紙在這裡」等狙擊槍否定的好時機。記住，有眼屎不是什麼錯，只有上帝才完美無瑕。你不是存心讓她尷尬，只是碰巧發生罷了。這時候會讓她想奪回你的尊重，想要爭回面子，所以你出招時她不會驕傲地撤退，她會接受，因為她感到困窘而沉默。當然，不要因為她發傻而獎勵她，這樣違反一致性。稍微假裝沒興趣以強化她的尷尬，然後扮好人說：「人都有缺點，沒啥好丟臉的。」然後暫停對話。在這樣的心理狀態，女人很容易接受升高進挪。

## ■ 服 從

謎男方法的核心概念之一就是**服從性測試**（compliance testing），要求目標為你做某件事，無論是拿你的飲料、挽你的手臂、抓你的背、吻你或張開雙腿。

如果她服從了，你就達成了幾件事：首先，這跟進挪迴響一樣是興趣指標迴響，而且製造了吸引力。其次，你升高成功了，現在她更習慣你的碰觸。第三，她的框架受到進一步影響，被你的框架吸收了。這時，你可以用IOI獎賞她，但是要有間歇性。你可以用她的手做服從性測試，然後甩開她的手。但是下次她服從時，要以讚美、觸摸或轉身微笑面對她……之類的作為獎賞。接著可能又是IOD，製造更多兩性張力。

### 服從性測試IOI
· 你牽她的手之後放開……她又抓你的手。
· 你捏她的手，她也捏回來。
· 你摸她，她也摸你。
· 你把她的手放在你的膝蓋上，她沒有抽回去。
· 你挽著她的手在現場走來走去，她沒有抗拒。
· 你鎖定在組合之後，邊講話邊握她的手，將她拉近，她正面朝著你。
· 你讓她坐在你大腿上，她沒有抗拒。

### 進挪測試慣例
向前伸出你的手，掌心向上。向她傳達的肢體語言是你希望她也把手伸出來，這就是服從性測試。如果她把手伸給你，捏一下，看她會不會回捏。然後慢慢放下，看她是否遵循同樣動作以繼續接觸。

‧試著事後甩開她的手。

‧試著告訴她通過或是失敗了。

‧執行慣例時試著向她解釋。

‧談論其他事情的時候，當作附帶遊戲來玩。

‧這個慣例可以用來擊退侵入你組合的男性競爭者。

　　如果她抗拒你的服從性測試，給她一個IOD，然後DHV，再來一次服從性測試。例如你要求一個女人站起來，她可能不會照辦，這樣看起來不大妙，等於向團體展示低價值。

　　別怪她——或許她只是被吸引得不夠，或者圈套太大、太早了。你只要不為所動，再做一次DHV，然後嘗試另一個較小的服從性測試：「伸手讓我看看。」（你可以握著她的手然後說：「好，現在站起來一下……」）

　　服從性測試有好幾百種。叫女人坐近一點、吻女人、問她任何問題、握她的手、摩擦她的脖子、把她的手放在老二上。每次升高、每次護送或移動、每次碰觸，連性行為本身都是一種服從性測試。當你懷疑與眼前的目標進展到什麼程度，請自問：現在她的服從門檻到哪裡？

　　如果你準備要拉高她的服從門檻，再做個DHV與服從性測試。你的價值越高，她會越容許你升高你的服從性測試。

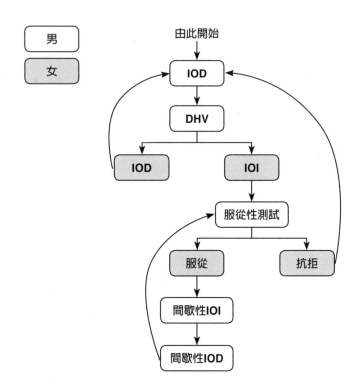

## 服從動能

謎男方法有個基本模型，描述人們社交互動的五種方式：

1.DHV：展示高度價值

2.DLV：展示低價值（別人可以這麼做，你不行）

3.IOI：興趣指標

4.IOD：無興趣指標

5.CT：服從性測試（幾乎所有互動都會在某個時點來到服從性測試，別人是服從你或抗拒你？）

打開組合後，應該這樣做：你發出IOD（否定之類）並DHV，然後注意女人的IOI。如果她以IOI回應，給她來個服從性測試。（如果她以IOD回應，就重複這個流程。）如果她服從你的測試，用IOI獎賞她，然後再做個服從性測試。**服從動能**（compliance momentum）就隨著不斷循環而累積。

這要持續到你們上床為止，大約在服從率65％的時候會發生。（沒錯，還有比性愛更深層的服從，但那不是本書的主題。）

舒適感不只是信任與時間，也是一種服從。如果你要求朋友為你做一件事，他比隨便一個陌生人更可能願意幫你。如果你走向女朋友吻她，她不只會讓你親，還會把你拉近用力親你。為什麼？因為你享有高度服從。不過你幾乎毫無機會走向陌生人做同樣的事，並收到同樣的回應。

我們為什麼形容服從是有動能的？所有服從都奠基在本身的基礎上。服從慣了的人會繼續服從，抗拒的人會繼續抗拒並且憎恨，認為強迫她服從的任何嘗試都是侵略行為。但是我們一旦到達服從門檻，只要花少許力氣就能讓對方繼續服從。

## 負面服從

10分的美女通常不會想要立刻跟你交談，她們會對你的開場白展示低度服從。所以為了建立服從性，給她們IOD，展示高度價值，然後試試她們會不會服從。

如果你已經能讓人服從，或許這就沒必要了。例如，當你打開一個7分的組合，女孩們馬上就很喜歡你，那還有必要照本宣科地否定她們嗎？反而會讓互動在一瞬間變調。

為什麼？因為你建立了**負面服從**（negative compliance），你懲罰了她們的好表現。當你獎賞（或沒有懲罰）她們的壞表現也會發生同樣的現象。無論何者，負面服從都會累積，然後對你造成傷害。

## 服從門檻

選擇向某些人靠攏時，我們會在某個程度上服從他們的要求。女人越覺得你有價值，越會想跟你靠攏，所以你升高的空間會更大。把妹達人使用IOD懲罰抗拒、IOI獎賞服從，藉此迅速把女人帶到她的服從門檻。

**服從門檻**（compliance threshold）就是在互動中她發現服從會比較好玩的臨界點。如果實現了，你就控制了框架，她會跟隨你的帶領。這應該發生在A3階段。如果你在C1階段仍然遭到抗拒，表示你根本還沒進入C1。

別怕高估自己的價值。如果你在應該做服從性測試的時候，還在浪費時間建立早已具備的價值，可能會造成負面服從，害自己被逐出組合。

有個把妹達人對美國南方的女人一向很棘手，因為她們態度很友善，他覺得自己好像沒有激發出吸引力，所以他過度使用否定，到了令人討厭的地步。後來他才明白這些組合早已經搞定了，他所做的服從性測試只是增加對方的抗拒而已，其實他應該直接升高就好。


## 有來有往

互相服從發生在C1階段。在A2階段，如果她不小心東西掉了，你要直接吐槽她。但是在舒適感階段，如果她東西掉了，你要替她撿起來。你要在這時候顯露你願意服從她。這很貼心，因為她需要被人照顧，只是得到了中場遊戲階段才需要。

一旦進入舒適感階段，把妹達人與目標都應該彼此服從，直到互相誘惑的程度。叫女人幫你寬衣比你幫女人寬衣更好。如果你叫女人帶芳香蠟燭到你房間裡點，事情就會發生——服從性已經很明顯了。

我們必須指出，她的服從意願會被你執行服從性測試的一致性所影響。如果你要求她服從時，只要她的理智稍有一絲無法接受你，她就會抗拒。所以不要尋求她的許可或等她說「OK」，只要帶領就對了。

獲得服從的其他例子還有：

· 讓她投資。（讓她去幫你拿飲料，爲你花錢等等）
· 讓她跟你移動或一起去別的場地。
· 鎖定她：女人穿戴你的任何衣物越久，對你越服從。如果她脫掉你的衣
  物，就是抗拒。
· 社交壓力：讓她的同儕團體告訴她對你好一點，或介紹你的成就，你會
  立刻獲得她的大幅度服從。

如果結果比較好玩或有利的話，人們通常會服從。人不爲己天誅地滅。
遭受威脅時人們也會服從，拿槍的男人比拿水管的男人容易令人服從。

把妹達人當然不會眞的掏出槍來，但仍有其他方法懲罰抗拒者。例如：
每次她抗拒，你就用冷凍懲罰她，任何IOD都有用。冷凍她的時候，假裝
眞的分心了會比較好——你絕對不希望她認爲你在故意懲罰她（參閱第八
章的詳細說明）。

你可以在她抗拒到一半的時候走開，到旁邊的組合展開嫉妒情節，然後
等她過來，或在確立自己多麼好玩之後慢慢晃回去（第八章有更多冷凍與
嫉妒情節的解說）。

在A2階段初期，你可以把所有注意力抽離她，使用主動無興趣指標，然
後再做服從性測試，用IOI獎賞她的服從。

## 象徵性抵抗

在升高的較高層次，例如親吻，你的手可以比較自由地在她身上遊走
（這也是一種服從性測試）。女人的設定就是對肢體升高做出**象徵性抵抗**
（token resistance），這種反應是爲了避免感覺自己像個蕩婦。她想要事

情發生，但是希望感覺適當，而且不是她的責任。例如你把手放在她大腿上不移開，她可能會撥掉。這是可以理解的，因為你等於利用反蕩婦防衛機制，制約她把你推開。

但如果你用手指撫摸她的大腿當作慣例的一部分，然後停止觸摸，好像什麼也沒發生。觸摸結束時她甚至可能有點失望。這時她就被制約成對觸摸結束感到失望。

同時她也會比較習慣並接受你的觸摸，因為**一貫性原則**（consistency principle）才有效。她沒抗議是因為碰觸已經消失了，但是她心裡某些部分已經默許這是不必抗議的。往後她比較可能在跟你互動時，維持已經習慣了的行為框架。畢竟她不是假道學。

## 動態觸摸

上述範例另一個有趣的面向是涉及到動作。用手撫過她的大腿，無論如何就是不像一直把手放在大腿上那麼容易被抗議。

同樣地，如果你準備隔著上衣摸她的胸部，不要直接掐人家咪咪，而是愛撫身體時不經意把手滑過胸部，最後手放在腰部之類的其他部位，這樣比較容易獲得服從。這只是順利升高的技巧之一，她會喜歡的。讓她感覺舒服就對了。

## 合格台詞

要三不五時讓女人知道她配得上你。她必須覺得她爭取到你了，否則會失去勇氣。以下台詞只是示範。你也可以用肢體語言表達她合格了，試著給她IOI。當她說出被你誤解為裝酷和值得給她IOI的話，轉身面對她。IOI之後緊接著IOD通常很有用。注意以下的合格台詞（qualifier）都有潛藏失格的意義：

- 「妳好可愛喔……這樣說真嗯。」
- 「妳知道嗎，有時候妳挺有趣的。」
- 「妳太棒了！我開玩笑的。」
- 「真奇怪……我在妳身邊覺得很舒服。」（假性失格）「可惜妳不是我喜歡的型。」
- 「妳好漂亮……也很邪惡。」
- 「我的天啊，妳是舞者？太屌了，我不知道怎麼跟妳聊下去。」

## 興趣聲明

興趣指標通常是某種隱諱的暗示，**興趣聲明**（SOI，statement of interest）則是露骨的口頭聲明，表示你對她的興趣越來越高。例如買酒請她，並說出下列台詞：

- 「剛認識時，妳似乎跟其他加州金髮妹差不多，但是了解妳之後，我真的覺得在妳身邊有點小緊張。」
- 「天啊，真不敢相信，我們竟然是在酒吧認識的耶。」
- 「我們要去那邊坐，妳要不要一起來？」
- 「知道嗎？妳還挺酷的，我對妳很好奇。」
- 「改天我得跟妳再聊聊。妳會做菜嗎？」

時機正確的SOI可以創造奇蹟。

## 讚美

- 別說「妳好性感」、「妳是我的夢中情人」之類的廢話，也就是說，在

篩選的框架中讚美，而非乞求。

· 讚美她的風格、活力、儀態或是服裝品味，不要像別人老是讚美她的項鍊。**學著注意其他細節。**

· 試著在篩選的問題之後才給她讚美。

· 試著在讚美後提出建設性的批評，這是否定她並顯示價值的強力手段。

· **絕對不要提起她的美貌。**


試著用讚美把她導向你希望的行為方式，扮演對你有用的角色。例如：「妳好像很敏感，似乎真的很相信女性的直覺。」或者當她粗魯無禮（或你故意曲解她）的時候說：「以妳的水準，不應該有這種行為。」

告訴她你如何「看待」她，她就會聽你的——但是必須她同意並且受到奉承。你要為她塑造個性，她喜歡角色帶給她的感覺，就會樂意扮演。以下也是讚美的範例：

· 「妳像是真正了解自己要什麼的人。我喜歡。」

· 「妳很關心朋友，我想妳一定會是個好媽媽。」

· 「妳很有活力。」

· 「我發現妳是妳那群死黨的靈魂人物，為什麼？」

· 「妳很擅長聊天。」

· 「妳那麼有格調，怎麼會出現在這種地方？」

· 「哇，妳似乎對朋友很有信心，好像是同儕團體的中心人物。我喜歡妳的活力……妳跟家人很親嗎？」（進入下一個慣例）

· 「妳的個性很外向……這在娛樂圈是很珍貴的特質。我在加州待過，那裡一堆正妹，但是有幾個像妳這麼活潑？我跟妳說，這是很珍貴的特質喔。」

## 引誘—上鉤—收線—釋放

　　用釣魚的**引誘—上鉤—收線—釋放**來比喻投資，是研究遊戲時不斷浮現的課題。應用方式之一是在A3階段。你要向目標發出IOI，但別給得太輕易。（否則她不會珍惜你的配對關係，她只會把IOI當作女性權力的認證，但不會被你吸引。）

　　重點是要**引誘**女人告訴你關於她的趣事（不要問她：「妳做哪一行的？」），當她回應（**上鉤**）時，你就可以發出IOI（**收線**），然後再把她推開（把她從被追的壓力**釋放**出來）。這個過程要重複好幾次。以下是你在現場應用的範例：

　　你：（引誘）妳是哪一國人？

　　她：（上鉤）法國人。

　　你：（收線）真的？不會吧！我高中時代最哈的女生就是法國人！（釋放）但是我跟妳連講話都有困難。

　　每當她向你展示高度價值，你就表現出你的興趣。這樣她就會相信你的IOI，當你向她發出完整SOI，她會覺得是自己應得的。這讓你對她的吸引力在幾分鐘內穩定提升，而非只因為她給你IOI，你就以IOI回應。

　　謎男方法的重點之一，就是重新編排你的慣例以符合你的**特定身分**（particular identity）。牢記這一點，花點時間寫下個人化的慣例。記住，慣例要跟你的身分一致。學習謎男方法不一定要會變魔術，但你需要一個鮮明的身分。以下是我自身的例子：

　　謎男：如果妳能變成世界上的任何人，妳想變成什麼？別說是公主。

　　女生：嗯，女明星。

謎男：真的？我小時候就立志長大後要當魔術師。你知道我現在做什麼
　　　工作？就是魔術師！所以妳想當明星啊。我就是美夢成真的證
　　　據，如果妳是明星的話就太酷了，我喜歡！我們得想想怎麼讓它
　　　實現。我打賭妳一定是個好演員。但是如果你比我還紅怎麼辦？
　　　我現在都無法跟妳相處了。

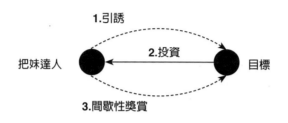

無論應用在篩選、圈套、進挪升高或服從性測試，**引誘—上鉤—收線—
釋放**的隱喻完全符合本章描述的A3階段流程。以下是部分範例：

引誘—挑戰她
上鉤—她向你展示高度價值
收線—給她興趣聲明
釋放—假性失格台詞


引誘—給她做個服從性測試
上鉤—失敗，她抗拒你
釋放—給她個IOD


引誘—某種形式的DHV
上鉤—她發出IOI

收線—進挪升高

釋放—甩開她的手


引誘—給她服從性測試

上鉤—成功，她服從你

收線—進挪升高

釋放—把她推開


引誘—問她一個篩選問題

上鉤—她向你證明自己夠格

收線—給她IOI

釋放—假性時間限制


引誘—展示高度價值，然後剝奪

上鉤—她追逐你，例如刻意延長對話時間

收線—給她合格指標

釋放—給她IOD


引誘—設個圈套讓她跳

上鉤—她跳入你的圈套

收線—獎賞她

釋放—保持沉默


引誘—給她服從性測試

上鉤—她服從你

收線—讚美她

釋放—挑逗否定

　　誘餌可以是挑戰、篩選、篩選問題、服從性測試、剝奪、圈套或其他。
這些只是範例，其實誘餌可以是任何東西，可以是肢體語言中的曖昧暗
示，可以是進一步親密關係的暗示，給她機會表達跟你在一起的興趣。藉
著實驗與現場測試，找出什麼對你最有用。

你：妳幾歲了？

她：23歲，你呢？（上鉤）

你：（忽視她的問題）把手伸出來。

她：（她服從了，帶著她轉一圈）

你：太優美了！妳一定學過芭蕾。

你：（伸出雙手，等著她伸手）

她：（順從地伸出雙手。上鉤！）

你：（顧左右而言他，同時進挪測試）

她：（她回捏你的手）

你：（繼續講話，甩開她的手）

你：妳長大之後想做什麼？

她：我想當老師……我正在XX學校修教育學分。（上鉤！）

你：哇，好學校。真有趣，我以為妳跟其他女生一樣，我太小看妳了。
　　我敢說妳對小孩很有一套，以後或許會是個好媽媽。可惜妳完全不
　　是我的型。妳還蠻酷的，今晚我應該幫你找個伴才對。

你：（結束DHV）

她：你叫什麼名字？（IOI）

你：（無視她的問題）妳是相信直覺的人嗎？

她：是，非常！（上鉤！）

你：伸手讓我看看。

她：（她照做了）

你：（用手指撫摸她的手掌）有意思……（甩開她的手）

她：咦？怎麼了？你會看手相嗎？（追逐）

你：（再牽她的手）看到這條線了？這是智障線，表示妳是豬頭。（擁抱她）

你：告訴我，妳的三大優點是什麼？

她：呃，我很專情，我很聰明……（上鉤！）

你：（打斷）妳會做菜嗎？

她：會啊，我什麼菜都會做。（上鉤！）

你：（讚許的微笑）太棒了，最近好像每個人都吃冷凍食品。我馬上就要走了，但是我想知道……（進入下一個慣例）

你：（結束DHV，假裝轉身離開……）

她：等一下，後來那隻狗怎麼了？（上鉤！）

你：（轉身回來）妳知道嗎，妳太可愛了……可愛到有點過頭！

## ■ 從社交地位解釋她對搭訕的認知

起先當你打開她的組合，你只是個普通人罷了，她沒有理由認定你有什麼高度價值，她認為自己才是主角。

A1階段

除非⋯⋯呃，你打扮得不錯，肢體語言良好，看起來毫無企圖，又風趣⋯⋯

A2階段

現在你展示了價值，其他女人都來接近你，然後你否定她！她開始發出IOI。

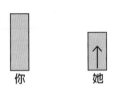

她展示高度價值吸引你，你用間歇性IOI、服從性測試與圈套回應，讓她「把到你」。

### A3階段

現在她顯示了對你的興趣（A2），你也顯示對她的興趣（A3），她投資在這次互動，或許試圖與你建立舒適感或希望由你來主導。

### C1階段

你們現在有了相互尊重、投資與吸引力，把她帶到你們比較可以獨處的地方，跟她建立舒適感，別忘了隨著她的舒適程度進挪。

## ■ 重 點 複 習

· 在A3階段，你要引誘女人去爭取你的關愛。每當她投資在互動中，你就用興趣指標獎賞她，重複此循環。

· **框架**是指情境背景，通常是不言可喻的假設，賦予了內容與互動的意義。控制框架的人就能主導溝通。

· **如果你的框架夠強，做什麼事都是對的。**你可以用任何開場白、任何台詞、任何隨機應變的態度，而且都有效——**但是你必須前後一致。**

· **現場會告訴你答案。**專心投入現場，聽從你的直覺。時間久了你就能標準化。

· 無論男女都會對你玩框架遊戲，測試你的服從性。女人尋求強壯的伴

侶，男人競逐權力，通常都是下意識出於本能的行為。

· 人們會設置各式各樣的圈套，看你是否會跳進去。別中計，你應該引誘他們跳進你的圈套。

· 別太鑽牛角尖，以為每次社交互動都是你死我活的權力鬥爭。這樣你會變成**社交機器人**，喪失與人自然互動的能力。放輕鬆點，享受過程。

· 如果你能先讓別人跳進你的圈套，就算跳進別人的圈套也無妨。

· 看起來越像是圈套，別人越不可能跳進去。

· 有用的框架就是把自己塑造成互動之中最具價值的人。不是露骨地表達，而是用逗趣的方法透過假設來暗示。

· 使用罐裝材料時，記住最重要的是**內部遊戲**（inner game）。練習可以讓你的內在框架變得一致，無論即興互動或罐裝材料都能得心應手。

· 你對於想要的女人類型**要有標準**。這會在你的框架中透過肢體語言與言論的很多隱晦徵兆裡表達出來。

· 表示標準的方法之一，就是問她問題來篩選她。慢慢調整——不要讓她認為這是觸動她吸引力開關的花招（標準必須是真的）。

· 間歇性獎賞比連續獎賞更有效。刺激與獎賞目標時，利用IOD製造**忽冷忽熱、又推又拉**的動力。

· 從最初的組合階段到最後上床，有一套自然的進挪流程。沒什麼大不了的，沒有什麼「關鍵的一招」，只是維持你們相處時的最佳狀態罷了。

· 時機精準的剝奪能夠誘使她來追逐你。

· 幾乎所有互動在某個時點都會來到服從性測試。你會被服從或抗拒呢？

· 用間歇性IOI獎賞「好」行為，用IOD懲罰「壞」行為，就能累積**服從動能**。把妹達人在上床之前都會持續進行服從性測試。

· **服從門檻**是指她發現服從會比較有利的分隔點。

· 別稱讚女人的容貌，根本連提都不要提。

‧引誘－上鉤－收線－釋放的隱喻是用來描述服從性測試、篩選、合格台詞與其他A3層面的應用。

# 08

CONVERSATION

話 術

這個時點需要加入幾項要素。雖然你與目標都表達了對彼此的興趣，你們仍然只認識五到十分鐘，你們會看對眼，純粹是基於被觸動了吸引力開關。引誘她繼續投資，你才有機會跟她建立舒適與信任感，這才是把到妹的關鍵——遊戲是在舒適感階段玩的，其他的一切都是爲了到達這個階段。

如果你們倆好像還不能一起進行有趣自然的對話，此刻正是練習的時候。未來當她考慮要不要回你的電話，你絕不希望她認爲：「天啊，我們能聊的只有狗食跟馴狗，好乏味呀。況且我跟他調情，我知道他一定想更進一步，但我根本不了解這個人……當時是很有趣沒錯，但是現在我覺得有點彆扭。外面還有一堆男人，今晚跟姐妹淘出去時，我要去認識其他帥哥。」

舒適感的不足，正是造成雖然你要到電話，卻被放鴿子的原因，所以利用廣泛的話題和多重對話脈絡跟女人進行有趣、自然的對話非常重要。要讓她覺得跟你聊天是一種享受，並期待下次的交談。

還有，互動必須要有誠懇的真實感，這經常是女人不信任「好好先生」的原因。她怎麼知道他不是裝好人以便跟她上床？當然，他請過客，也稱讚她漂亮……但他真的是這樣的人嗎？或是只在有所企圖的時候才這樣？

用逗趣的方式顯示願意離開或進一步發展，你就顯示了對她是真心的，讓她有安全感。女人說想要一個能**保持真實**（keep it real）的男人就是這個意思，她們要覺得可以認識到真正的你——這是需要時間的。

剛開始對女人玩遊戲，她受到刺激跟你一起玩鬧，如果做得正確，大多數女人都會喜歡。但是要讓她考慮未來跟你交往，不只需要投資，還要感受到兩人之間真實的聯繫感。她必須認定你可以成為她人生的一部分，還有更重要的，她可以成為你人生的一部分。她想要在各方面都跟她類似、看起來門當戶對的人，好讓別人說：「喔，你們看起來很登對！」她想要她朋友也喜歡的人、能帶得出場的人、她了解並且欣賞的人、社交圈子可以容許她加入的人。

當她想起你，是否覺得真的有聯繫感？或只是她某天晚上在酒吧喝酒哈啦的對象而已？

## ■ 冷凍

當你們在**吸引力階段**，你可以跟她互相調侃吐槽。但是一旦進入舒適感階段，如果她吐你槽，你只能用撤回注意力的方式**冷凍**（freeze-out）她。她會問：「怎麼了嗎？」你說：「沒事。」（不要情緒化！表達方式必須真誠，像是真的沒什麼事。）然後她被你的沉默懲罰，經過了尷尬的片刻，找理由給她IOI，恢復舒適感。

她會很快學到不要吐你的槽，因為（1）你已經證明了你可以（在吸引力階段）反擊，而且（2）每當她吐你槽就會感覺尷尬。這是你向她顯示你不像在吸引力階段那樣總是搞笑的機會。

所以冷凍是訓練她的一種方式。你可以謹慎地利用彆扭感，教育她對你好一點就會舒適又好玩。當建立舒適感的時機到來，繼續要屌與吐槽是沒有好處的，必須改用懲罰／獎賞的動力。

這個階段也是你大顯身手把彆扭狀況轉為舒適的機會。這時候很適合用**狙擊槍否定**，例如，你可以說：「妳鼻孔裡面有怪東西」然後拿面紙給

她。她會感到尷尬，但不是你的錯，只是不幸被你發現了，然後她會感覺非常渺小。她注意到你冷凍了她一會兒之後（不是故意折磨她，而是似乎對她沒興趣了），給她來個**服從性測試**，然後用IOI獎勵她的服從。你可以一直像這樣獎賞她的順從，而非負面行為。

## ■ 建 立 舒 適 感 的 地 點

　　最初邂逅女人的地點，未必是最適合建立舒適感的地方。音樂可能太吵，不適合漫長對話。空間可能太擁擠，目標的護駕朋友、現任男友、嫉妒的前男友或家人都可能在場，你們可能無法立刻花上七小時互相建立足夠的舒適感。

　　如果邂逅地點不允許長時間逗留，或提供好的環境讓你們坐下來建立舒適感，你必須把她從邂逅地點帶到更合適的地點。建立舒適感的地點通常都是比較安靜而且偏僻的（不過仍是公共場所），讓你跟目標與她的朋友（還有你的朋友）可以共同進行長時間對話。

## ■ 三 種 建 立 舒 適 感 的 場 地

　　建立舒適感專用場地有三種，謎男方法稱之為C1、C2與C3。

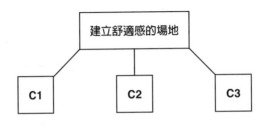

C1＝邂逅場地內的任何建立舒適感之場所。

C2＝異於邂逅場地與性愛場地的任何建立舒適感之場所。

C3＝性愛場地內部的任何建立舒適感之場所。

## ■ 遊 戲 的 五 種 場 地

五種場地是指邂逅地點、C1、C2、C3與性愛地點。C1是搭訕階段，位於邂逅場地內部，C3則是誘惑階段，位於性愛場地內部。

這種設計結構有好幾個理由：

· 從邂逅地點僅僅移動幾公尺到達C1地點，對才剛認識你的女人而言，不會有安全上的顧慮。

· 比起還沒建立些許舒適感就直接跳到C2地點，對你這個陌生人多了解一點，不需要太大的個人投資，**因為這是小圈套，她比較可能服從。**

· 先移動到C1地點讓你有機會令她覺得夠舒適，才有可能帶她到C2地點。

· 比起在C2地點讓她知道你打算直接帶她到性愛地點，而且滿腦子都是「調皮的念頭」，從C3地點僅僅移動幾公尺到性愛地點比較務實。

從邂逅地點到C1地點，或從C3地點到性愛地點，都稱為**移動**（moving）。而從C1到C2、C2到另一個C2或C2到C3，則稱為**換場**（jumping）。

## ■ C1地點：邂逅場地內部的任何建立舒適感之場所

C1

除非你的目標已經坐在邂逅場地裡安靜的區域，否則你一定要設法**移動**到C1地點。事實上，在你接近女人之前，就要事先觀察好附近有哪些適合建立舒適感的地點。

C1的要領：

· 背靠著牆壁或吧台，讓女人面對你。
· 坐在吧台的凳子上，讓女人站在你正對面。
· 坐在夜店或咖啡館的安靜角落。

除非你們的邂逅地點已經是很好的C1地點，否則每次成功的搭訕必然會需要移動到C1地點。

## ■ 移 動 到 C 1

**移動**的意思是帶著目標（有必要的話，與她的朋友一起）從邂逅地點前往C1，或是從C3前往性愛地點，我會在下一章說明。移動不僅是必要的步驟，也是建立舒適感的利器。

例如，我正在擁擠的夜店吧台跟一個美女講話。在這個邂逅地點搭訕女人之前，我就擬好了遊戲計畫：帶她移動到安靜的吸煙區，那是良好的C1。我會把帽子戴在她頭上說：「我要讓妳看個很讚的東西，跟我來一下。」

女人回答：「要去哪？」

「一個特別的小地方……來了就知道。」我笑著指指吸煙區。「就在那邊。」我開始走開幾步。

她猶豫著該不該丟下朋友「一下子」，但她希望跟我走，因為我用帽子鎖定了她。她不抽菸，但她至少要走幾步路才能把帽子還給我。

「你要給我看什麼？」她好奇地問，我牽著她的手帶她穿過人群。

「妳是有創意的人嗎？」我反問，維持她的好奇心。移動的同時我對她做了個微妙的興趣測試，故意鬆開手以衡量她的興趣程度。她會繼續緊握我的手或是鬆手？

「我要先看看妳是否有創意，」我邊說邊掏出紙筆，遞給她。到達吸煙區之後我們坐在一起，我把她的手放在我膝蓋上然後放開。她會不會縮手？這是另一個測試。

我向後仰身說：「這裡安靜多了。OK，我要妳隨便想出十個單字，但是彼此之間不能有任何關聯。」

就這樣，藉著從邂逅地點到C1的成功移動（同時也把她與朋友隔離），我可以開始建立舒適感，像這次是利用提示系統表演過目不忘的記憶力，然後教她也學會。

## ■ 對 話 的 和 諧 關 係

· 當個健談的人，跟所有人說話，不要僅限女性。要投入現場。

· 別大剌剌地想要討好或炫耀，別直接誇耀自己的豐功偉業。別尋求他人的注意、讚許或了解。老是擔心美女想什麼的拙男已經讓她們夠煩了，試著當個不擔心的人。

· 別談詭異、驚悚、愚蠢的話題，這麼做的人多半是在譁眾取寵。有人注

意是好事，但是被人視爲刻意就很瞎了。絕對不要對別人挑釁或炫耀。

· 練習移動你的目標，孤立她以建立舒適感。

· 顯示**敏感面**，建立**共通點**與**聯繫感**。

· 練習丟出一連串的罐裝材料，這是很有用的技巧。

· 練習不靠罐裝材料進行自然、即興的對話。

· 練習使用多重對話脈絡。

· 持續升高進挪，使用服從性測試。

· 切斷無聊話題，無論是你的或她的。要主導框架。

· 談論好玩、有趣、引人入勝的話題。

· 不要問一大堆問題。發問不會提升價值，只是在找話題而已。不要問她
  是哪裡人，直接猜。她會問你爲何猜阿肯色州，你給她一個理由，無論
  是否正確，她會竊笑。（你希望她在對話中有貢獻，但是她會這麼做的
  理由是被你吸引，而非你用一堆問題勉強進行對話。）

· · · · · · · · · · · · · · · · · · · · · · · · · · · · · · · · · · · · · · · · · · · · · · · · · · · · · ·

**發問遊戲**

「妳玩過發問遊戲嗎？呃，規則是這樣的……」

「第一，妳先問一個問題，然後換我問，再來又換妳問，以此類推。」

「第二，不能說謊。就像真心話大考驗，只是沒有懲罰，因為我不知道妳是不是怪胎。」（注意其中
的否定）

「第三，不能問已經問過的問題。」

「第四，必須問很私密的問題，反正我們現在不知道彼此的真實姓名。」

「喔，還有第五……由妳先回答。」

她會說：「不公平！」

但是你直接問：「妳交過幾個男朋友？」

從此開始，發問遊戲會越來越辛辣，直到她問起你多久打一次手槍之類的。這是很好玩的慣例，可
以建立舒適感，也可以用來篩選。這遊戲的另一個作用，就是可以持續很長的時間。當你進入C1地
點，一定要從這招開始。

最好玩的問題是：「告訴我一個秘密。」

· · · · · · · · · · · · · · · · · · · · · · · · · · · · · · · · · · · · · · · · · · · · · · · · · · · · · ·

- 隨和一點。你不必永遠是對的,別把自己看得太重要。除非需要強化框架,否則不要反駁別人。如果你爭論某件事,可能你太在乎了。記住,你是來把妹的!
- 「和諧關係」不等於「無聊」。你在吸引力階段製造的脈動應該持續在檯面下醞釀。如果沒有,你可能犯了第二種M3順序錯誤:從中段開始。
- 練習你的**背景植入慣例**(grounding routine),本章會有詳細說明。

### 真的,要健談一點

口若懸河非常重要。說起來容易,也要好好練習幾個月才行。如果你真的很會哈啦,就用一連串好玩的對話轟炸她(或她的組合),顯示幽默感、主見與熱情,然後才能夠表達你的個性。

健談的人上床機會比較多。秘訣就是讓自己進入多話的心情。你有這種經驗嗎?閉上眼睛回想當時是什麼感覺。回想與我曾經分享親密時刻的女性,從邂逅到上床,我簡直講到她們耳朵快掉下來。我看到正面肢體語言與其他IOI之後,我會拋開一切憂慮,說:「妳被我吸引了。」我不談論

---

**秀照片慣例**

準備工作:拍攝自己在有趣情況下的照片,活躍的照片,也就是在做好玩的事。在健身房裝瘋賣傻、攀岩、跟朋友們開派對、玩滑輪鞋跳到半空中的鏡頭、健行途中發現的「熊大便」。好照片能夠傳達價值與身分。還要混入一兩張無聊或失焦的照片才會逼真。把這些照片放在沖印店的紙袋裡,好像今天剛從店裡取回,碰巧帶在身上的樣子。

表演方式:在組合裡利用這些照片來鎖定目標,同時向組合展示高度價值的道具。如果她想打開紙袋,拍她的手叫她別偷看(「天啊,她老是這樣嗎?」)。等到直接跟目標進入A3與C1階段時,你可以「對她好一點」,坐下來跟她一起看照片。每張照片都要附帶一個故事。這時候你可以展示預選價值、社交認證、建立舒適感,同時進行好玩的對話,讓她貢獻與投資。你的故事會讓她想起自己的故事,跟你分享。練習你的即興對話,你才能掰出每張照片的故事。秀照片慣例是把妹達人的絕招之中威力最強、應用最廣的。

---

她，不問很多問題，我根本不指望她有太多話可說。如果她想插嘴，那很好，但是即使沒有，誰會在乎？這是我的世界，她只是身陷其中。

## 講話是支援工具

講話還有另一個好處——占據對方的理智。想像你跟朋友們邊開車邊聊天前往海邊。從你的觀點看來，你們是在對話，景色飛馳而過，一下子就到海邊了。像變魔術一樣，對話就是麻醉劑。

搭訕也是同樣的道理。她跟你交談，一切都很好玩、舒適又自然。對話持續流動，噹啷！不知不覺你們就上床了，像變魔術一樣！所以你要隨時占據對方的理智。

最悶的莫過於回程上又漫長又沉寂的時間了……或是默默無語走回車上。你必須講話維持氣氛以戰勝可能發生的辭窮問題。

## ■ 共通點

人們通常容易被跟自己有某方面相似的人所吸引。你們倆有越多共通點，她越可能把事情合理化，認定為**天意**（meant to be）。

她會想像你在她日常生活中的實際模樣。當然，她在夜店被你逗得很開心，但是比起她的家居生活，你只是馬戲團胡鬧而已。在現實生活中，你們合得來嗎？你們各自的朋友圈能相容嗎？在舒適感階段，你要從她嘴裡套出一些情報，以便顯示共通點。

小心：如果你看起來像是刻意尋找共通點以便迎合她，那就太急躁了。但是總有些看似不經意的方法可以分享共通點，例如謎男方法最經典的音樂遊戲。

**音樂遊戲**

你先說：我喜歡⋯⋯珍珠果醬，他們是我最愛的九○年代樂團。你知道〈Garden〉這首歌嗎？我高中時代跟女友調情的背景音樂就是這首。輪到妳說。

她：我喜歡⋯⋯雷查爾斯，我一直很喜歡〈Georgia on My Mind〉。你看過他的傳記電影嗎？

你：有啊，前幾天看的。他是我聽過最棒的聲音之一。哇，雷查爾斯耶！我太小看妳了，音樂品味不錯喔。輪到我，我喜歡A Perfect Circle樂團。

她：我喜歡Tool樂團！從他們出第一張專輯我就迷上了。

你：不會吧，妳喜歡Tool？喜歡他們的女生不太多。妳知道嗎，我記得他們最後一張CD出來的時候⋯⋯〔掰個故事〕⋯⋯然後我再也沒有見過她，但我還留著她在某個雨天送我的貝殼。換妳。

不要對她說的每個樂團或歌曲都稱讚。你可以偶爾說：「天啊，不會吧！那首歌跟某某比起來簡直是垃圾⋯⋯」模式如下：如果她給了你答案，給她IOI，否則就給她IOD。無論怎麼發展都要講個加油添醋的故事以展示高度價值，然後回到發問遊戲，由你提出下一個服從性測試的問題。這招最適合用在跟目標獨處，或是隔天她在你車上或家裡的時候。

## ■ 同 謀 意 識

　　想像你在把一個女孩子，你們坐在與她朋友隔離的沙發上，其他人都到舞池跳舞了。你提議到隔壁的披薩店去買披薩。

　　坐在沙發上的你只是她剛認識並交談了幾分鐘的人而已，她仍然與朋友一起。不過，一旦你們倆一起踏進披薩店，你們就是一夥的。這是很強的心理作用。

　　下一章會更加詳細說明「護送」。在這裡有趣的是共享的框架。你跟女生現在是一起做某件事，你們一起決定進行這個旅程，所以你們是同夥的。如果你的A3階段做得沒錯，她已經落入了你的圈套，「我們是一夥的」框架正在你們之間持續強化。

　　這種**共同的現實**（shared reality）就是所謂的**同謀意識**（conspiracy）。

你可以從人們互看、叫**綽號**、講**內幕笑話**的方式看出他們有沒有同謀意識。不用說，你也可以利用這些親密行為強化你跟目標之間的同謀意識。要注意：如果你在組合裡太早做出這種事，會顯得你故意裝熟。

製造同謀意識的方法之一就是玩遊戲，製造一個除了你們之外旁人都不知道的秘密。例如，女人都喜歡受人注目，可以試試「殺掉—結婚—上床」（Murder-Marry-Shag）絕招。

---

**殺掉—結婚—上床絕招**

你挽著她的手像在散步的樣子，說：「好，現在我們來玩殺掉—結婚—上床遊戲。我指出人群中的三個人，告訴我妳想要殺掉誰、想要嫁給誰、想要跟誰上床，並說明理由。」

她講完之後，輪到她指定人選給你。當她挑選三個女人的時候，要一起在現場走來走去。回答你想要殺掉誰，想要娶誰，想跟誰上床？為什麼？

---

## ■ 敏 感 面

當人們分享彼此的弱點，就在彼此間顯示（也製造）了一種情感聯繫。這種事情如果做得太早，會顯得你急著跟她裝熟——這是展示低價值。所以跟她初次見面，不要當多情小生。但是在適當的時機，分享敏感面是很有力的建立舒適感方式。

她是否告訴你關於自己的私事？她是否向你透露秘密？**發問遊戲**非常適合這樣的分享，也可以編排故事時故意不小心洩漏了自己的敏感面。

以下是現場實證過的敏感故事範例：

・丟臉的故事。提示：女性雜誌的告白單元有一堆好用的資源。

・初吻經驗（童年回憶）。

・因為太年幼不懂照顧而讓寵物死掉。

・你的小姪女從樓梯摔下來──「如果她死掉的話，我真不曉得該怎麼辦，我最疼她了！」

・你父親過世的故事，用來結束談話。

告訴她你的童年往事。談談你剛看過的可愛小嬰兒，讓你想起你妹妹小時候。透露你恐懼的事以及如何克服它，告訴她一個秘密，這樣她比較可能也告訴你。

不要幹譙你的前女友，不要徘徊在哀傷的情緒。「拉扯」她的哀傷開關，然後跳到另一個愉快的多重話題。

有許多討人厭的行為源自不想透露敏感面。秘訣就在於接受你的敏感面卻不受影響。犯錯是無妨的，偶爾自嘲也是無妨的。試想：如果你不願意她看見你犯錯，顯然你很在意她的想法。但我想你應該不受影響吧？所以下次你吹噓自己徒手搏獅的故事時，記住，承認你嚇得屁滾尿流會比扮演硬漢還迷人有趣多了。

如果這個女人要成為你的女友，她終究會獲知你的敏感面。何必矜持到上床之後才透露？何不在上床之前的舒適感階段就坦白？

## ■ 懲 罰 ／ 獎 賞

除非她一開始就渴望你注意，否則你不能冷凍她。剝奪對不在乎的人而言根本不算是剝奪，除非你對她具有某種價值。當她說了或做了什麼負面的事，移走你的注意力讓她覺得孤單。她察覺不妙就會了解還是跟你繼續聊天比較好，這是冷凍有效的原因。

在組合的初期，當她表現不佳，你要挑逗她並控制框架。但在C1階段，不能倒退回組合，所以給個輕微的IOD，或許暫停跟她說話一陣子，或掉

頭，或稍微改變一下肢體語言。不需要太多，女人是很敏感的。記住，你不是要表達憤怒，只是輕微地失去興趣。

這樣一來，「懲罰」只是迅速、銳利的糾正而已，像馴狗一樣。不針對個人，何況你沒發脾氣。有時候你就是會分心，她不一定總是讓你全神貫注。所以你掉頭一下子，顯示缺乏興趣，直接向她發出輕微的情緒訊號。

比方說，當你訓練小狗不要撲到你身上，不能打牠的鼻子，那是憤怒，通常小狗無法把人類的憤怒和自己的行為聯想在一起。所以要把自己抽離其中。把十幾個硬幣裝到罐子裡，每當小狗撲到你身上就搖罐子，這會嚇到小狗。但是久而久之，你的狗會漸漸認知是你做的。牠不會再撲到你身上，但也不會想再靠近你。彆扭的情緒聯想到的不是壞行為，而是你。

馴狗師有一個經過實證的辦法：矯正壞行為之後，會設計一個挑戰讓狗去做正確的事。搖罐子之後，立刻說「坐下！」然後用愛與感情獎賞牠：「乖狗狗！」、「很好！」如果你只懂懲罰，小狗會討厭你。想要牠服從你而且愛你，就要有賞有罰。

對待人也是一樣。在電話中痛罵女人最糟糕了，只會讓她以後不想接你的電話。換言之，當我們糾正女人的壞行為，就必須立刻設計一個機會，讓她跳進簡單的圈套以便獎賞她。「獎賞」的台詞可能是「佩服！」或「靠！真聰明，我服了。」或「好啦，算妳贏。」或「厲害喔！」

## ■ 嫉 妒 情 節

對女人而言，情慾的驅動力遠不如嫉妒。哪個比較好：情慾高漲但是跟朋友在夜店裡的女人，或是沒有情慾但是嫉妒心重的女人？在夜店裡永遠要選**嫉妒者**，因為通常這時候她就會發現自己深深被你吸引。情慾也有其重要性，但是要等到你把她單獨帶到**性愛地點**。

女人不會發現自己的S與R價值判斷電路如何評估你，直到她突然感覺失去了這份潛在價值。想像你們在舒適感階段，你並沒有勾引她，只是在C1階段一起說笑，然後另一個女人過來坐在你大腿上。你介紹兩女認識，然後「轟」的一下，情緒馬上就變了！現在目標知道她其實喜歡你。在這一刻之前，她並不知道。

情節必須故意編排在你的手法之中。其實，否定就是在你跟目標之間建立情節的方式。其原理就是：即使風險跟報酬完全相同，人們傾向努力去保護現有的投資，而非投資新標的。簡單地說，**恐懼損失比期望收穫的驅動力更強**。

你**選擇她並放棄其他女人**的時刻終於到了。這個甩掉其他女人（如同女人習慣甩掉男人）的意願就是一種DHV。對她而言，這就是她戰勝其他女人的勝利時刻，她一定很重視。她做了投資，經歷過恐懼損失，現在她贏得了戰利品，就是你！

嫉妒情節絕招聽起來像馬基維利（Machiavelli）的權謀論，或許真是如此。只要記住嫉妒情節非常有效，女人也常用這招對付男人。

另一個使用的方法是：如果你已經吸引到特定女人，但她沒有足夠動機來追你，就進入下一個組合吸引一個女人。你可能比較喜歡新目標而忘了舊目標，也可以用新目標當抵押來讓舊目標嫉妒，然後認知你的價值。你甚至可以融合兩個組合，以便施展更多樣化的戰術。

**價值展示**是對女人的秘密關鍵。沒有比當場證明你可以吸引別的女人更強的了。畢竟，真的讓兩個女人挽著你，遠比告訴女人有別人喜歡你更具說服力吧？**亮出你垂掛在懸崖上的照片，遠比告訴女人你有多熱愛冒險更有用**！

## ■ 製造嫉妒感的示範

· 讓女性僚機或樞紐在「知情」狀況下幫你演戲。
· 在夜店裡建立抵押品。

例如我現在跟目標獨處，我做了短暫的剝奪。我會在她身上用鎖定道具（我喜歡用牛仔帽），然後去找前一個組合的女生。我告訴她：「我剛跟朋友在那邊，讓我介紹妳們認識一下。」

當我跟這位女性朋友回來，這個「朋友」會坐在我腿上。前一個組合現在跟新組合融合了，但不是組對組，而是人對人，成為一個雙人組。

從我帶來的女人的觀點看來，介紹她認識一個我的「朋友」是尊重與建立舒適感的戰術。如果這個朋友是美女，會更加強社交認證。我在別的女人面前向她進挪也會讓她開心。

我的目標（仍然戴著鎖定道具牛仔帽的女孩）則面臨一個挑戰，還完全意外地被激起了嫉妒。有時候她感到嫉妒的一刻，也正是發現自己比其他女人更被你吸引、想占有你的一刻。

如果你沒有在前一個組合備妥抵押，就去找個女生來幫忙，說：「我喜歡某個女孩，妳能不能幫我讓她嫉妒一下？」這是很有用的現場工具。

如果你有個樞紐，請她兩分鐘後來找你並且坐在你腿上。或者快速搞定另一個組合，當你孤立其中一人，就說：「我有個朋友在那邊，我介紹妳們認識一下。」

如果你希望只針對10分美女進攻，記住你必須實行**進階團體理論**（advanced group theory）：融合團體的藝術。當我在組合裡選定10分為目標，並且施展嫉妒情節之後，總是比較容易成功。讓你的目標嫉妒必須是C1或C2階段的必要部分，然後她們就會想要你。

行動展示永遠比口頭暗示有效多了。但是，下列口頭戰術可以幫你建立嫉妒感：

講電話時說：「等一下，我有插撥。」對話中假裝很煩的樣子，重複個三、四次。這樣會顯得你很有行情，女人就對我用過這招，而且有用！

無論你有沒有女友，都要提到你已經有女友了：「我的一個女朋友……」或「我女友會不爽妳跟我搞曖昧。」別擔心搞砸自己的機會，因為當女人說：「你不是有女朋友了嗎！」你就說：「天啊，妳煞到我了，我就知道妳會嫉妒。」

你讓她嫉妒之後，會增加你對她的價值跟吸引力，但她可能隱藏情緒，不會立刻表現出明顯的IOI反應。事實上，當你回到她身邊，她可能表現冷淡。這是一致性測試，也是她表現出來的自尊。你只需要給她IOI，她就會接受。現在她無法抗拒，她知道她是真的喜歡你。

---

**在現場有以下幾種製造嫉妒情節的方式：**

· 找到你的樞紐。

· 直接找個女人幫你。

· 逆向融合到前一個組合，介紹你的目標認識前一個目標。

· 順向融合，帶著你的目標去打開另一個新組合。

---

## ■ 背 景 植 入

我確信你一定曾經在組合中被目標問到「你是做哪一行的？」你可以回答誠實卻很遜的答案，例如「我是學生」或「我是電腦工程師」，更糟的是試圖完全迴避問題。「我是臀部模特兒」這種搞怪的答案起初可能讓她發笑，但她可能會很快再問你一遍。你在隱瞞什麼事嗎？

問題出在你沒有一個迷人的**身分**，或者即使有也不是很強。有些男人會試著說：「我是樂團主唱」、「我是活動主辦人」或「我是媒體名嘴」，但你的目標不是認為你在說謊（就像「女演員」通常可能是「女服務生」），就是相信你的證據而被嚇到，用她的刻板印象來衡量你。

例如我是魔術師，她跟魔術師有什麼相干？所以，我不直接回答「我是魔術師」，而是把目前的身分**植入**她的現實中，把握機會傳達一個比較豐富的人格。我是這麼做的：

· 「呃，小時候我想成為……」（講些關於我小時候夢想與志向的故事。）
· 「我在青少年時期……」（講些童年到青少年時期的故事。）
· 「現在我是魔術師，妳相信嗎？」（談現況，以及往後的計畫。）

以下是我最近來把身分植入一個9分美女的應用格式，有助於吸引她並且建立足夠舒適感讓她回到我家：

· 講我第一次在生日派對表演魔術的事，以及買票看大衛魔術秀（五分鐘）。
· 講我如何被大批觀眾嚇得半死，結果上台風靡全場的事。我真的融入了恐懼的感受（三分鐘）。
· 講我第一次上電視表演的事（兩分鐘）。
· 告訴她我為什麼搬到拉斯維加斯。這算是舒適感階段的「敏感面慣例」（三分鐘）。
· 告訴她現在我有什麼成就：我的「WTF？」地下網路節目、最近在VH1頻道的實境秀、正在寫的書、針對社交力學與累積財富等主題舉辦的研

討會（五分鐘）。

· 告訴她我往後的計畫：幻術秀的概念、宣傳噱頭，有的沒的（五分鐘）。

這樣就總共講了至少廿三分鐘的故事，而且我根本還沒開始表演魔術，就把她留在身邊這麼久。當然，魔術對我有用是因為我真的是魔術師，但你不見得要學我的方式或真的表演魔術才能成功。我有很多昔日門徒到現在還不會變魔術，但是遵守我的方法執行獨特的個性傳達材料，還是能夠持續吸引到女人。

如果我單刀直入地說「我是魔術師」，我的目標不會覺得我們的生活會有什麼共通點，她的刻板印象會覺得我太怪了不適合她。似乎有些女人拒絕跟喬治克隆尼交往，是因為不了解他的生活方式，覺得彼此缺乏共通點，這都是不對稱造成的彆扭感。但如果他給這樣的女士一個背景故事，告訴她他是如何一步一步變成現在這樣的呢？這就是**背景植入**（grounding）的概念。

把我的背景故事告訴目標，我就把自己植入了她的現實（「當我還是普通人的時候」），她可以理解只要在成長過程中做出哪些決定，她也能變成我這型的人（「這是我的現狀」）。稍後你甚至可以套用這個模式鼓勵目標在A2階段把她的人生植入你的。你只需說：「倒帶一下，後來發生什麼事了？」

請注意先前我的背景故事中一再出現的主題是「這就是讓我變成現在這樣的原因」。一旦你決定好自己的身分是什麼，你也必須這樣做。這表示你必須借用我的魔術師身分才能使用謎男方法嗎？錯！你講不出第一次到人家生日派對表演的故事（除非你真的做過），否則就是說謊。你也講不出如何逼問同學才學到撲克牌把戲的秘訣，或幾年後同學看到電視上的

你，說：「我無法相信那天改變了你的人生！」不行，你不能用我的專屬材料，但你可以像我一樣使用你真實人生經驗的材料。格式或遊戲計畫才是謎男方法，你填入格式中的個人材料，才能夠顯出你專屬的風格。

那麼，該如何回答「我是誰」這種深奧問題呢？有個朋友對我說過：「你的身分就是你一再重複做的事。」這真是我聽過最貼切的答案了。

我定期表演魔術，幾乎每天都表演，有時為了美女，有時為了其他人。除了扮演社交蝴蝶之外，你會定期做的是什麼事？記住，搭訕藝術存在的意義是豐富你的人生，不是定義你的人生。你有什麼故事可以傳達你現在是怎樣的人？

**植入現實**（grounding reality）的影響深遠，會影響你在A2、A3與建立舒適感階段怎麼做，但不會改變它們的基本架構。這也會改變你選擇與編排慣例的方式（也就是你在什麼時候使用哪個慣例），向目標傳達你處理人生挑戰的方式。所以，你必須做下列事情以改善你的遊戲技巧：

・檢視自己重複做的事，想出你的身分——用一兩個字就能表述的事（例如魔術師、作家、玩具發明家、執行長、電腦駭客、攀岩選手、饒舌歌手、名嘴、旅行家……你懂我的意思）。你真的在追逐自己的夢想嗎？如果絕對不會失敗，你的人生會怎麼過？現在就開始去做吧。
・想出幾個故事，表達你如何從普通小孩變成現在這個身分。
・練習跟別人講這些故事，讓它聽起來既熱情又自然。女人只要傾聽就會覺得自己一起跟你經歷過這些事。

背景植入時，你也可以問她：「那妳青少年時期是怎樣的？」之類問題。這是讓她打開心房、投入在互動中的好方法。但是，在開場白階段就這樣尋求親密感，會顯得你很刻意並且透露出興趣。現在她給了你IOI，也

贏得了你的IOI，謹慎地運用這些問題，有助於你跟她建立堅強的聯繫感。

## ■ 重 點 複 習

· **遊戲是在舒適感階段玩的**。你必須發展廣泛的對話和諧關係、舒適與信任感、互動的真實感，以及聯繫感。

· 缺少A3階段的要素與舒適感，就是你隔天打電話給女人卻被放鴿子或推托的主要理由。剛開始玩遊戲時，大多數男人只會拿到假的或被呼嚨的電話號碼。

· 當你**真心誠意**對待女人，就會**製造信任**，讓她有安全感。別咄咄逼人、表現不悅或採取衝突態度。保持樂觀，記住不管發生什麼事都**沒啥大不了**。

· 冷凍就是故意釋出IOD以製造彆扭感（訓練她避免壞行為的方法）。冷凍應該誠懇、不經意地表現。不能讓她覺得你在故意懲罰她，要讓她覺得因為她的行為讓你略微缺乏興趣，造成暫時失去關注或認同。

· **建立舒適感的地點**通常是比較安靜偏僻的地方，讓你與目標（或許再加上幾個朋友）可以進行長時間對話。

· C1地點是邂逅地點內部的安靜之處，C2地點是你護送她去或建立時間橋樑的地方，C3地點是在性愛地點內部。

· 健談一點，經常練習對話技巧非常重要。

· 練習**移動**她——帶著你的目標從邂逅地點到C1地點。

· 隨和一點，不要問一堆問題，記住：不要尋求他人的注目、贊同或理解。（**不要受外界影響。**）

· 不要困在詭異、驚悚或愚蠢的話題。保持好玩、有趣與情緒張力。（**提升價值**）

- **講話**也是個有力的工具，當你進行求愛時能占據她的理性思考以免麻煩。你絕不希望她的**反蕩婦防衛機制**突然發作，把一切搞砸。
- **擁有共通點**能夠建立舒適與親密感，幫助她想像未來跟你相處的狀況。小心：表現出你在套她的話尋求共通點算是展示低價值。必須保留一些意外驚喜！
- **共謀感**是你跟目標之間一種共有的框架，特徵是**內幕笑話**、**綽號**與越來越強的**聯繫感**。在A3階段的自然發展中，贊同是用來引誘她服從框架。
- **敏感面**很迷人又能建立舒適感，不要想保護你的自尊，釋放它，要自嘲才能夠展現自信。
- 在你用冷凍**懲罰**女人之後，馬上給她做個服從性測試，以便在她通過時獎賞她。
- **嫉妒**是很強烈的動機，如果她感到嫉妒，通常也是發現她喜歡你的時候。當你最後**選擇了她**，會帶給她較多**戲劇效果**。
- 當我們進行身分認同，有時會製造距離感而非親密感。但是使用**背景植入慣例**可以讓她透過故事了解你的人生歷程。這樣能幫助她認同你，跟你感同身受。
- 想出你持續在做的事，追逐你的夢想。為了把她的現實植入你的身分，告訴她你如何演變成現狀的故事，以及未來的計畫。

# 09

中場遊戲與結尾遊戲

C2階段的重點是讓女人覺得跟你很熟悉，比慣例更重要的是**共享空間**。帶她一起去大賣場，寫報告時讓她陪在身邊。要花四到十小時建立舒適感才可能跟女人上床，也就是平均要當七小時的褓母──務必撐過去！當時機來臨，孤立她然後升高。

中場遊戲是練習跟女人相處、吻她、自然地護送與時間橋樑，以及練習講電話的機會。記住，遊戲是在舒適感階段玩的。

如果你記下跟女人相處的每一分鐘，你會發現通常要花上四到十個小時才能到達上床終點，平均為七小時左右。

我在歸納自己成功經驗的模式時，發現了**七小時法則**。很多把妹達人的說法與現場報告也都證實這個法則的正確性，當然，**愚人的笨招**是例外。

跟一個女人累積相處七小時，可能需要分散為好幾天甚至幾星期，如果你太早誘惑她，害她感覺彆扭以致對你興趣全失的風險很高。

我也發現，最令人滿足的長期關係通常在一星期內就發生性關係，有時甚至在短短幾天內，但在這之前，你得先累積了四到十小時跟她建立舒適感。我最激情的幾段戀愛（其中一次長達三年半），通常是在認識對方幾

天內就發生性關係，而且平均累積了七小時才開始誘惑。

以下的時間表為典型的現代求愛範例：

| 日期 | 分鐘 | 階段 | 地點 | 重點 |
|---|---|---|---|---|
| 1 | 1:30 | 吸引，舒適感 | 酒吧 | 親吻，交換電話號碼 |
| 3 | 0:05 | 舒適感 | 電話 | 邀請喝酒 |
| 4 | 0:10 | 舒適感 | 男方家 | 簡短參觀然後離開 |
| 4 | 1:15 | 舒適感 | 咖啡館 | 談話與牽手 |
| 4 | 0:45 | 舒適感 | 男方家 | 看影片，親吻，邀請約會 |
| 7 | 0:15 | 舒適感 | 女方車上 | 被接送到約會地點 |
| 7 | 3:00 | 舒適感 | 購物中心 | 碰面，共享飲料 |
| 7 | 0:25 | 誘惑 | 男方家 | 洗澡與性愛 |

總計：在七天內累積了七小時二十五分鐘

你跟女人相處的大半時間應該投資在建立舒適感（中場遊戲）上，以便你開始誘惑時不會讓她彆扭。

■ 親 吻

進挪與親吻都是建立舒適感的工具，不是誘惑。

‧若你建立足夠舒適感之前太著重在誘惑，當下可能會像個大情聖，但是當（1）愚人的笨招弄巧成拙（2）隔天她事後反悔，你還是把不到她。
‧你怎麼知道何時是正確的接吻時機？這必須花時間在現場磨練你的直

覺。基本原則是除非她給了你三個興趣指標，否則根本不必試圖吻她。

例如：她摸你、她對你的笑話很捧場、你沉默時她接續你們的對話。

· 放心大膽地在最多組合裡使出本書提到的每個親吻絕招，你會培養出高明的社交智慧。

· 認識一個女人的廿分鐘之內，技術上要準備好親吻並孤立她以便建立舒適感。這不是叫你親吻每個組合裡的每個女人，而是你必須有能力持續做得到。

· 觸動天生的情緒。爲了她好，控制與主導跟她相處的每一刻。通常大家都太理智了！叫女孩子「噓！」然後用鼻子磨蹭她，把嘴放在她耳邊吸氣，輕輕說她聞起來好香。「我想吻妳。」讓對話中斷。當她再次開口，用「噓」打斷她，說「吻我」或「妳話眞多。妳想吻我嗎？」或「妳要我咬妳脖子嗎？……爲什麼？因爲現在我要咬妳脖子。」或「我可以咬妳脖子嗎？」如果她問「爲什麼？」表示她希望你這麼做。只有她說「不！」時才不能咬。發出IOD，DHV，再重複使出親吻絕招。所有意外狀況都要練習應變。

這些台詞聽起來好像都是在請求她的允許才能吻她，這是怯懦嗎？不，

........................................................

**謎男的親吻絕招**

你說：「噓！妳話太多了。想不想親我？」

如果她說想，就吻她。

如果她說：「或許」、「幹嘛」、「什麼意思」或「我不知道」，就表示她想要但是很害羞。你要用放電的眼神回答：「我們試試看。」然後吻她。可以撫摸她的後頸表示你是認真的，還要遵守90/10法則：你先貼近90％的距離，讓她貼近10％來吻你。

如果她說不想，就回答：「我又沒說妳可以，討厭，看來妳心裡有什麼企圖喔。」（別問「爲什麼不要？」，那會顯得降低自尊。）

如果她說：「還沒」或「不要在這裡」，表示她態度開放但是有所顧慮（或許她朋友就在附近）。你就說：「我了解。」然後維持舒適感，稍後到隱密處再吻她。

........................................................

只是考慮周全罷了。我發現若不先表示意圖，就直接吻下去的話，可能引發尷尬，比被她拒絕還尷尬。寧可讓她說不、保住顏面，也不要在企圖親她時讓她跑掉。

話雖如此，你可以盡情在現場測試任何想得出來的親吻招數。一個字也不說就直接親下去。如果她掉頭，用手把她拉回來繼續吻她。測試個一百次，要有動腦和實驗的熱情。

## ■ C2 地點：任何不同於邂逅地點與性愛地點的建立舒適感地點

```
┌─────────┐
│   C2    │
└─────────┘
```

當你在C1階段，目標的親友在場有時可能會抵銷你建立舒適感的努力。你也可能硬是沒時間跟她坐一起。無論什麼理由，當你在C1階段無法繼續建立舒適感，就必須跳到C2階段。C2階段的地點範例是：

· 酒吧、咖啡館、安靜的餐廳或客廳
· 隨便逛逛的購物商場或街道
· 走路或開車從建立舒適感地點到別的地方

你在邂逅地點搭訕一個女人之前，要預先選好C2地點。每次成功的搭訕一定會演變到C2階段，有必要的話，你可以無限次地從一個C2地點跳到另一個，直到你建立了足夠的舒適感，成功地跳到C3階段。

## ■ 換 場

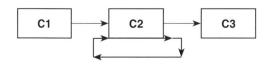

從一個建立舒適感的地點跳到另一個，稱作**換場**。

換場有兩種方式：**護送**與**時間橋樑**。護送的意思是在同一晚移動你的團體到別的場地，時間橋樑則是約定改天再見面。

## 護 送

即刻改變場地叫做**護送**，就像朋友間常說的：「我們要去某家店吃東西，走吧！」

換句話說，護送的目的是在建立舒適感過程中成功地轉換地點，以便**在同一晚**繼續花時間跟目標相處。有時候這也是精心編排讓女人追你的機會！範例如下：

· 「我朋友跟我要去某某餐廳吃點東西，歡迎妳跟妳朋友一起來。」

白天台詞：
· 「我餓了，我得去買個貝果，跟我來吧。」
· 「我得去郵局領一封信，來跟我作伴吧。」
· 「我得去某某地方拿一件我需要的衣服。我們先去吃個飯。」

夜間台詞：
· 「我們有受邀去另一家比較好的夜店，跟我們一起來。」

・「我餓了，我們去找東西吃。」

・「我們要去隔壁坐一會兒，妳跟妳朋友要一塊來嗎？」


每當有需要就得護送。盡量在任何地點跟目標多花一些時間，直到你可以帶她回你家，然後進你房間。別太早就想護送，否則她沒有足夠的安全感答應你。當你在組合裡混了廿五到四十分鐘，護送提議通常會成功。

**何時該護送的最佳標準化方法就是盡量多嘗試，你的直覺會隨著經驗越來越敏銳。**當你護送時，先問她的電話號碼。這樣稍後萬一護送失敗，你就不會顯得只是想要她的電話。


### 時間橋樑

第二種改變舒適感地點的方式就是同意改天再見面，這叫**時間橋樑**。

所謂的「電話號碼結尾」（意思是「我拿到她的電話號碼了」），根本不算是結尾。事實上只有一種結尾：上床。你能這樣結尾嗎？

那麼，時間橋樑是什麼？就是在你的遊戲中無法遵循標準計畫，先護送她去吃東西然後上床時的另一個替代招式。若雙方都有時間有意願，一路玩下去不是比改天再繼續更好嗎？

但是，她可能不願被護送。或許周邊情勢搞砸了、她的朋友在場或者你沒機會建立足夠舒適感，讓她接受這樣的升高。怎麼辦？呃，你只好盡力建立舒適與信任感，然後搭一座**時間橋樑**。

打屁的時候就說：**「不如改天再出來聊聊吧」**，當她同意後，立刻像是應她要求似的掏出手機，問：「妳電話幾號？」

如果你的框架很一致，她會表現得像是順從自己的提議，一切都看你們之間的能量而定。有來電嗎？如果有來電，事情就會水到渠成。與其想些詭計套她的電話號碼，不如專心營造來電的感覺。

時間橋樑的目的很簡單：連結你們分開期間的隔閡。你**現在**跟她在一起，時間橋樑能讓你們再度相聚，以便繼續發展。記住，求愛是**從邂逅到上床**，不是從邂逅到電話號碼。光拿到電話號碼不是橋樑，因為橋樑必須有兩端。電話號碼並沒有明確的另一端。當你打過去，必須努力敲定約會才能再見面。如果你一開始就當面喬好，根本不需要電話號碼。

時間橋樑通到一個特定時間與地點，讓你得以繼續跟她相處，繼續求愛。反過來說，只拿到電話號碼不過是空中樓閣罷了，根本沒什麼挑戰性，而且你可能會發現號碼是呼嚨的（blurring）或她不理你。

先設定好下次碰面的時間地點。在無法護送的狀況下，你要準備好兩三個時間橋樑。範例如下：

· 「我明天想去買鞋，陪我去吧，我們可以逛逛街。」
· 「我要拿些東西去我姊姊家，陪我開車去吧，我晚上八點來接妳。」
· 「我兩週後要辦一場晚宴，妳一定要來！」
· 「我週四要去好萊塢的魔術城堡看一場魔術秀，希望妳能來，我們交換
　電話吧。」

注意上述範例，你們已經有理由再次見面了，甚至不需要交換號碼，因為太像刻板印象的**約會框架**了。如果你只有她的電話，你的處境可能是必須說服她出來見你。萬一她不想再見到你，因為你一開始沒有建立足夠的價值與舒適感——電話號碼並無法改變這一點。

**手法正確，電話號碼自然管用。**

在第三個範例中，你可能拿到號碼。（你有兩週時間籌備晚宴！）隔

天就打給她，在電話中建立更多的親密感。講電話的時間也算在七小時之內，只是變成她日常生活中一部分的方式。

如果你跟她有足夠舒適感，不用交換電話號碼也能見到面，而且她會赴約。但如果你們沒有足夠舒適感，號碼就有可能是無效的。所以不要太重視拿到號碼，而是要練習正確的手法。

選擇地點最好在你家附近或本來就會去的地方。不要改變生活習慣去見一個可能放你鴿子的女人。要保有自己的生活，你的生活越有魅力，她越可能想要參與。

不要只說去「喝咖啡」，要說「我得去咖啡店找我朋友黛安，交一份地下刊物的設計稿。跟我在那裡碰面吧。」

．．．．．．．．．．．．．．．．．．．．．．．．．．．．．．．．．．．．．．．．．．．．．．．．．．

昨天我去一個購物商場，在擁擠的餐廳帶著「日本製」的餐點，坐到一個老頭身邊。他開始跟我聊些有的沒的：滑板從前只是木板加上金屬輪子，現在卻變成玻璃纖維啦，諸如此類。呃，我只想好好吃飯，所以我只是點頭，不想投資在那個對話。（沒有惡意，他是個老好人，只是……不是我的菜，哈！）

我對他發出IOD，我不想說「請別跟我說話」，那樣就太失禮了。但我把眼光移開，在他講話時猛翻雜誌、吃東西，只用簡短地回答他的問題。

許多女人都有過跟我類似的狀況。我不是說女人給你IOD時，你就該放棄，因為你永遠可以扭轉局勢，就像那個老頭可以談些我有興趣的話題，或許我會跟他聊起來（此事提醒我們開啓一段有趣的對話有多麼重要）。試想，如果這個老頭在對話結束時想要我的電話號碼，那會多尷尬。

我是說，我也跟男人要過電話，那是我們結交死黨兄弟的方式。但是如果這個老傢伙想「一起出來混」，我會說：「呃，不用了，謝謝。」他沒有提供任何價值，我對他也沒有聯繫感。在這種情況下向我要電話會像是在裝熟，這很噁，同時也是乞求親密關係，看起來很刻意。這兩者都是嚴重的DLV。

我跟大家說這個故事，是因為這聽起來非常惱人，但是很多男人讓女人經歷同樣的困境：無聊的卅秒交談，然後就直接要人家的電話號碼。美女對這種事特別敏感，因為她們經驗太豐富了。所以當你企圖搭起時間橋樑，要自然一點。找個正當理由見面，遵守遊戲規則。

不要成為這個故事裡的老頭！

．．．．．．．．．．．．．．．．．．．．．．．．．．．．．．．．．．．．．．．．．．．．．．．．．．

## ■ 電 話 遊 戲 （摘自謎男沙發吧，Lovedrop關於電話遊戲的文章）

　　當你進入現場練習遊戲，就會開始累積電話號碼。在某個時點你會自問：「我拿這些電話號碼怎麼辦？怎麼把它轉變成上床的機會？」

　　通常事情是這樣的：某人在現場練了幾星期或幾個月，終於拿到一個對他很重要的號碼。或許那個組合的進展特別順利，或是那個女孩特別正，或他真的很久沒爽到了。無論什麼理由，他希望把一切做對，以便把到那個女的。他甚至可能到網路論壇貼文，或打電話問厲害的朋友「這個號碼該怎麼辦？我如何把到這個女孩？」**他不想要搞砸！**

　　問題就出在這裡。你不能讓任何號碼變得對你特別重要——道理就像你不能讓任何一次求愛對你太重要。打開組合跟打電話都是你純粹為了練習應該一做再做的事。

　　如果我要進入當晚的第六個組合，而且我知道今晚會有更多組合（明晚也是），我就不會那麼在乎結果，轉而專注在過程並且放鬆心情。我可以磨練我的技巧同時發出自然、舒適的頻率，那意味著：即使搞砸我也不在乎！說來諷刺，結果成功率反而比較高。

　　你打電話與約會（基本上兩者對把妹達人而言都是時間橋樑）也應該如此。你必須大量練習，否則技巧不會進步。你不能把任何一通電話或一次約會看得太嚴重。你是為了練習而做，要享受過程，別怕從失敗中學習。

　　你拿到電話號碼之後，不能馬上從組合裡抽身，應該留下來多哈啦個幾分鐘。否則你就落入她放鴿子的那些傢伙的窠臼，一要到電話就翹頭。

　　別把號碼本身當作重點，重點是時間橋樑。或許你們倆討論過一起去吃壽司或看展覽——隨便什麼都好。電話號碼只是附帶事件，不是目標。在組合裡，你要一路練習搭橋並收集號碼。以下是電話遊戲的重要觀念：

· 不要假設每通電話發生的目的就是約見面。你對朋友不是這麼想的吧？養成檢視手中電話號碼的習慣，打給女生純聊天或邀請她們參加你正在做的好玩活動。

· 在組合結束不久就打電話給女人（當晚），聊幾分鐘，然後放她走。

· 隔一兩天再打給她聊天，然後放她走。這樣你才顯得沒有企圖，制約她接受你成為日常生活的一部分，不只是酒吧裡的阿貓阿狗或上週六的夜店奇遇，而是**真實的人**，也是她生活中稀鬆平常的一部分。

· 身在好玩地方的時候打給她，就像你會打給死黨一樣，邀她過來混一下。無論她來不來，你都會過得很開心，而且她也知道。

　　講電話時間也算是建立舒適感的時間（七小時之內）。所以利用這機會來建立舒適感，成為討人喜歡的聊天對象。多多練習，只有講電話才能讓你練習出必要的電話魅力。

　　如果你照我說的方式跟她講話，她可能會開始暗示見面（尤其是你提到生活中好玩的活動或朋友）。這時丟出一個邀約，看她上不上鉤。如果她不上鉤，沒什麼了不起——你的生活不管有沒有她都很有趣又滿足，你會找別人。（附帶一提，這種態度對她應該是**絃外之音**，不能明講。）

　　即使女人不接受見面的提議（或寧可由她自己來提議），對你也**沒什麼大不了**，因為你跟她講完電話之後還可以打給另外五個、十個甚至廿個女人，跟她們練習相同的電話遊戲。死守著一個電話號碼擔心搞砸那就大錯特錯了！你應該定期出門練習，多認識幾個人選。最後你會定期拿到電話號碼，也同樣定期輪流打電話給她們。**當你知道還有其他人可找，就不會擔心某個特定的電話**！一切都是練習而已，你的聲音會透露出你真的別無企圖。

## ■ 關 於 放 鴿 子

無論如何總有一些人會放你鴿子。女人是容易反悔的動物，她們不只會放你鴿子，也會放朋友與家人的鴿子，甚至經常放自己的鴿子。

反正一直打給她們就對了。**把她們列入輪流名單。**遊戲中難免含有隨機的成分，有時候很喜歡你的女人不會回你電話，有時候不很喜歡你的女人突然想約你，你永遠猜不到！所以要一直輪流找她們練習，別把任一個號碼看得太認真。**當你的手法改善，被放鴿子機率就會降低。**所以努力培養價值、吸引力、資格、舒適感之類的，就能制約女人來追你並且投資在互動中。

你經常碰到女人連接電話都不肯，這哪有什麼，或許她們事後反悔，或許她們的朋友出面阻撓。留言之後繼續打給下一個，今晚再出去練習，這是一種生活方式。

## ■ 約 會 （摘自謎男沙發吧，Lovedrop關於約會的文章）

在遊戲中的某個時點，我發現跟女人一起孤立起來真的很容易。我可以搞定一個組合，拿到電話號碼，過幾天打給她，很快她就坐在我床上跟我一起看電影了。

不過問題是，我沒有作足A3或舒適感階段的工夫。明明她還沒準備好接招或是顯得很尷尬，但有種詭異的壓力催促我一直出招──於是她就永遠消失不見了。我發現我可以哄女生來我家，但是之後就沒搞頭了。

對我而言，對策就是**設計一個我可以不斷重複的特定約會計畫**──我可以在很多女人身上練習，直到掌握約會手法的慣例。如果你拿得到號碼卻上不了床，用設計好的方式練習約會應該很有用。

設計約會時，應該盡量變換場地，盡量多花時間相處。移動與護送是很有效的建立舒適感工具，所以我把這些想法融入約會慣例。以下是我想到的辦法：

- （在電話中）「我們照原來講的辦個週三壽司之夜吧。我家附近有家店不錯，七點左右過來，一塊去吃。」
- 七點半，女人出現在我家，我下樓開門但是「忘記」某樣東西，所以我們必須回樓上「一下子」。她看到我的躺椅跟海灣景觀，大表讚嘆。然後我催她出門，開車去壽司店。感謝大衛‧狄安傑羅的《約會倍增術》教我這一招。先讓她熟悉你家，稍後再回去時就不會大驚小怪或產生對未知的恐懼。更妙的是，因為你催她出門，她會更好奇待在你家裡是什麼感覺。
- 晚上八點，我們在壽司店裡。我有很多種熟練的慣例……「不能自己倒酒」習俗、日語的音調特色、教她用筷子，諸如此類。細節並不重要，這裡的大半時間是要互動、練習舒適感、發問遊戲、看手相，什麼都好，就是要互相了解對方。
- 晚上九點。「對街有個很酷的樂團在演奏耶，我們去看看！」有個仿諷八〇年代的搖滾樂團每週三晚上就在壽司店對面表演。我有那家店的VIP卡，所以我們不用排隊。我帶著女孩子過街，但表演還沒開始，所以我們先去喝幾杯酒，繼續端出培養舒適感的材料，加上一些推推拉拉的遊戲以維持性張力。
- 晚上十點。音樂廳開門了，我們進場（另一次場地變換）。當人潮越來越多，我帶著她穿越人群，或是環抱著她以示保護。開演了，接下來的兩個鐘頭她對樂隊的搞笑對白發笑或是隨著喜愛的搖滾老歌一起唱。
- 午夜。我們開車回我家樓下。我說：「好啦，妳可以上樓，但是只能待

幾分鐘。明天我還要上班。」

· 凌晨十二點半，我們坐在陽台上調情。我拉著她的手說：「我們像青少年一樣去調情吧。」帶她回到我的臥室裡上床。

請注意，這個慣例讓我場地變換很多次，跟女人共度時光，也練習其他的遊戲手法。當我需要吸引人，我可以又驕傲又戲謔，使用冷熱交替法。我可以篩選又讓她合格，可以練習建立舒適感與進挪升高。這一切都發生在約會架構內，我可以每週跟新對象複習，練到萬無一失為止。現在沒問題了，我每次都得手。

以下是我最近想到的另一個週末下午約會慣例：

· 上午十點半。「今天天氣真好！我要去我家附近的海灘吃午餐。妳過來跟我一起去吧。」

· 中午十二點。讓她短暫上樓然後催她出門。開車到大馬路上停車。

· 中午十二點十五分。有一家賣餐點的撞球場。我們在那邊待一兩個小時，吃午餐，打幾局撞球。同時我繼續出招，建立舒適感，諸如此類。

· 下午兩點。護送她，在街上逛來逛去，進服飾店試穿一些東西。有家店在賣很妙的面具、假髮等道具。走進名牌店再試穿更多東西。

· 下午四點。一起行動幾個小時之後，我們回到車上。

· 四點十五分。停留在回家路上的商店「拿一點東西」，買了烤肉工具。一起在店裡晃來晃去是激發她大腦潛意識裡配偶幻想的好方法。她也參與了挑選食物，所以她會留在我家烤肉。

· 下午五點。回到我家，弄點飲料喝，生火準備烤肉。一起看夕陽，調情，有的沒的。

請注意即使上述場地變換全是我計畫好的，對她而言卻似乎完全是隨機的。所以她的體驗很好玩，有新鮮感，沒有壓力。

設計一個（或好幾個）你可以一再重複執行的約會計畫。把最有用的工具融入約會中，設計你的七小時，設計你的場地變換，但最終要讓她停留在你家。

把這套反覆練習在不同的女人身上。專注於改進你的技巧，改進你的約會慣例，別看得太嚴肅。

## ■ C 3 地 點 ： 性 愛 地 點 內 部 的 任 何 建 立 舒 適 感 地 點

```
┌─────────┐
│   C3    │
└─────────┘
```

除非你跟女人建立了足夠的舒適感，才可以換場到C3階段。C3地點的範例如下：

· 你客廳的沙發
· 跟你的臥室或飯店房間有點距離的地方
· 你飯店房間附近的大廳沙發

每次成功的求愛，無可避免會引導至C3地點或性愛地點，所以你在邂逅地點搭訕女人之前，就要花點功夫準備好C3階段建立舒適感的地點。

## ■ 性 愛 地 點

大多數邂逅地點，包括很多建立舒適感的地點，並不是適合親密性行為的場地，所以進行相互誘惑必須要變換到性愛地點。

性愛地點的主要特徵是隱密，同時也應該很接近C3階段的地點，這樣時機成熟時，你們只需移動一小段距離。

最佳的誘惑地點是能讓你完全掌控的地方，例如你家的臥室。在這種地方很少有變數（電話、室友、父母、寵物等等）的妨礙。

試考慮下列性愛地點的各種利弊：

· 車上
· 飯店房間
· 朋友的客廳或臥室
· 女方的臥室
· 你的臥室

有些C3階段建立舒適感地點，例如自家客廳，也可能是良好的性愛地點。如果你在這樣的地方，可以省下從C3移動到性愛地點的麻煩。

在邂逅地點接近女人之前就要備妥性愛地點，別把你結尾遊戲的成敗交給老天爺決定。

## ■ 從 C 3 到 S 1

我跟一個女人在我家客廳裡，放些搞笑的居家錄影短片給她看。我們在C3階段。我放些音樂，一起吸水煙。我從煙管吸一些煙然後吐氣到她嘴

裡，這樣重複了幾次。

我們彼此抱著親吻分享親密感，於是從接吻進展到前戲。我牽著她的手帶她進入臥室，我們都很亢奮，我交給她一盒火柴，說：「來，在我找香料的時候先點蠟燭。」然後又說：「妳可以先拉下窗簾嗎？我要先去洗澡。」過一會兒我回來了。「我點燃香料的時候換妳去洗吧。」我指著浴室的方向跟她說。

像這樣一起建立誘惑場景，就像老夫老妻一樣。這種儀式行為很熟悉又很舒適。

警告：除非你跟她都互相認同並建立了適當舒適感，否則別使出這招。如果你太急，會觸動她的**反蕩婦防衛機制**，讓她事後反悔，或兩者皆有。

更糟糕的是，如果機會之窗開啓但是你錯過了，別指望它會為你開啓第二次，這很難。例如她可能回家之後逆向合理化你們沒有上床的原因

為了練習與快速改進，有疑惑的時候就試著升高。即使你錯了，還是有助於你的標準化。

## ■ S2：最後一刻的抵抗

每個女人腦袋裡都內建了一種行為電路，用來保護她不被不負責任的男人搞大肚子。這種情感電路在初次性行為之前引發的抗拒行為叫做**最後一刻的抵抗**（last-minute resistance，LMR）。你的職責是在必要時幫助她克服這種彆扭的情緒。從進化觀點來看，上床對女人所需的投資與帶來的風險比男人大得多。最後一刻的抵抗是她抵達不歸點之前的最後一道防線。

女性的LMR門檻可能因人而異，每個女人的LMR門檻也會依照即將上床的男人之價值與其他環境因素而改變。以下是幾個常見的觸發點：

．接吻

- 摸乳房
- 脫上衣
- 脫胸罩
- 脫褲子
- 脫內褲
- 手指愛撫
- 口交（無論服務或被服務）

## ■ 摧 毀 最 後 一 刻 的 抵 抗

### 「妳綁架了我的大腦⋯」

　　你的目標可能感覺配不上你。她可能認為如果她太輕易就範，你會在事後甩掉她。所以在A3階段讓她覺得付出有得到收穫、贏得你的感情是很重要的。如果沒有這些要件，女人會在做愛之前退縮，說「為什麼是我？你喜歡我哪一點？」或「我們根本還不熟⋯⋯」如果你說「寶貝，我無法停止想妳」能夠預防她LMR發作，但必須在幾小時前的C2階段就說出來。如果到了床上才說，會很像為了哄她屈服而說謊。要在三個舒適感階段不斷向她表示你的大腦被綁架了，你情不自禁一直想她，感覺越來越強烈。不要嚇到她或跟蹤她，只要告訴她你不由自主地一直想到她，讓你有點擔憂。

### 「我們應該停下來⋯」

　　LMR的主要技巧是**象徵性抵抗**（token resistance），通常是口頭上反對，但肢體上卻持續升高。她可能說：「親愛的，我們應該放慢一點。」這有什麼目的？

　　理想的情境是性愛張力持續加強，在某個時點全面失控（所以不用負責

任）。她情不自禁，只能被狼吞虎嚥地征服。**這不是她的錯**。某種超越她控制的力量完全凌駕了她：大自然的力量。必須有象徵性抵抗才能讓它合理化。如果你不抵抗，她就會抵抗。

請注意，如果她做出象徵性抵抗，最佳對策就是同意甚至附和她。若你不同意，只會給她更多抵抗的理由罷了。別因爲不同意而造成更多**摩擦**。

如果你在脫她衣服時她說：「我們應該停下來……」你只需口頭同意她，然後繼續動作。「我知道，寶貝……」邊回答邊繼續脫她衣服，「我們應該停下來。」

## ■ 玩 正 確 的 遊 戲

她的情感電路會選擇一個她信任而且有配對情感的高價值男人。如果你的手法正確，最後一刻的抵抗會大幅減弱。所以要檢討你的基本手法：

· 你是健康、有理想、令人愉快的社交者嗎？

· 你是否一直表現出沒有企圖的態度？

· 你是否藉由預選、雄性領袖開關（具備社交智慧與社交認證）、情緒刺激、框架控制等方式展示出價值？

· 她是否追求你並且投資在互動之中？

· 你做了服從性測試嗎？你是否做過進挪升高而且對方服從？

· 她是否覺得她贏得了你的興趣？（你是否用合格台詞跟其他IOI展示出你對她「逐漸強化的配對關係」？）

· 你有沒有藉著七小時期間與數次場地變換建立起舒適、信任與聯繫感？

· 你是否利用嫉妒情節讓她確定她想要你？

## ■ 冷 凍

如果最後一刻的抵抗似乎無法克服，就使出冷凍：開燈，吹熄蠟燭，開電腦上網收信，走到廚房去做三明治，或端出棋盤來邀她下棋。威力在於你要表現得很誠懇，如果你臭著一張臉或發飆，就表示你被影響了。要表現出你的興奮電路只是被切斷了。她會有種損失感，於是讓自己跨過LMR門檻。

## ■ S 3 ： 性 愛

初次跟女人上床是你一直在等待的，也是所有努力的結晶，精通求愛藝術的報償。但是上床不僅是謎男方法標榜的求愛成功的總結。誘惑也打開了通往你跟女性關係下一個階段的大門。

你們第一次性愛的重點，應該是讓她舒適自在、好玩又有趣，讓你們的聯繫感提升到更高的層次。除非你們有互相同意的癖好，否則怪招留到以後再試。當你初次慢慢為她寬衣解帶，在她耳邊低語她在燭光下看起來多麼美麗——可別問她喜不喜歡肛交或可不可以把她綁起來。在第一次性交，絕對要把皮鞭、鐵鍊之類的傢俬藏起來。

奉行安全性愛永遠都很重要，尤其是你初次跟女人上床時。為了你也為了她好，一定要採取防護措施。在初次性行為就輕率不負責任，肯定不是建立互信的方法。更重要的，如果你不負責任因而罹患性病，會嚴重妨礙你的把妹大業。安全性愛也是最佳的情況。不用說也知道，毫無防備的性伴侶可能讓雙方的性命陷入危險。說什麼也不值得冒這個險。

在現場選擇你的目標要小心，然後在吸引、建立舒適感、誘惑階段都堅信你的選擇是正確的，你選了一個美麗優質的女人，你想要跟她發生很多

次性關係。你知道張伯倫（Wilt Chamberlain，前NBA費城七六人隊明星中鋒，私下以好色聞名）的得分紀錄嗎？不，不是指他每場比賽得分破百，而是他搞過兩萬個女人。他後來說過一句名言，說他寧可跟一個女人睡兩萬次。對啦，這可能是屁話，但你可以體會到即使像張伯倫這樣的把妹達人，仍了解在某些層次的性滿足需要的不只是跟某人搞過一次，還包括接到女人電話說她感覺多麼美妙的快感，更不用說因為你們越來越熟，而感覺比初次更加興奮的後續性愛感受。

如果你只跟女人上一次床就失蹤，她腦中的保護電路有時會嚴厲地懲罰她，因為她危害了自己的生存與繁殖機會。我聽說女人會覺得好像有什麼很重要的東西被偷走了，讓別人遭受如此痛苦與悔恨是很缺德的事情。

## ■ 重 點 複 習

· 女人通常要花四到十個小時建立舒適感才能準備好上床，這叫做**七小時法則**。

· 親吻是建立舒適感的工具，藉著練習就可以持續在打開組合廿分鐘之內孤立並且吻到女人。

· **C2地點**就是任何不同於邂逅地點與性愛地點的建立舒適感之場所。

· 從一個舒適感地點移到另一個稱作**換場**，換場分成：**護送**與**時間橋樑**。

· **護送**是指離開某個場地，並立刻前往另一場地的行為。

· 如果你要護送，先問她的電話號碼。這樣稍後如果護送不成功，才不會顯得只是想問人家的號碼。

· **時間橋樑**是指改天在別的地方見面。只有在你無法執行護送她去吃飯然後上床的標準遊戲計畫時，才不得不使用這招。

· 練習正確的手法比要到電話號碼重要多了。正確的手法才能要到有用的

號碼。

- 練習你的手法並累積大量電話號碼很重要。若你有五到十個號碼可以打，比較不會擔心搞砸。沒有任何號碼對你特別重要，這才是正確的態度。
- 拿到電話號碼之後，留下來哈啦個幾分鐘再離開。
- 養成檢視手中電話號碼並且勤打電話的習慣，純聊天或邀請女人來參加你正在做的好玩活動。
- 很多女人會在你CALL她們的時候放你鴿子，這**沒啥大不了**。繼續磨練你的技巧，維持打電話的習慣。遊戲是技巧（需要練習）與運氣（聽天由命）的結合，勤打電話就能大幅提升這兩者。
- 如果你要得到號碼卻上不了床，以結構性方式練習約會很有幫助。爲了練習，設計一個可以重複執行的約會計畫。
- 把最有用的支援工具融入約會中。設計七小時的約會流程與場地變換，最後讓她停留在你家。
- **C3地點**是指性愛地點內的任何建立舒適感之地點，例如你家的客廳或按摩浴缸。
- **性愛地點**的主要特徵是隱密，而且應該很接近C3地點，通常是你的臥室。
- 你一旦從C3移到S1（前戲）階段，就是越過了不歸點。如果你太早這麼做，尚未建立足夠的舒適感，她會**事後反悔**。
- **最後一刻的抵抗**是女人在性愛之前感受到的恐懼，類似男人在接近女人之前的焦慮。你的職責是幫助她克服這個階段。
- 如果你的遊戲手法有破綻，最後一刻的抵抗通常會大幅增強。改善你的手法，也就降低了最後一刻的抵抗問題。
- 摧毀最後一刻的抵抗，有**象徵性抵抗**、**堅守正確手法**、**耐心冷凍**等技巧可以運用。

# CONCLUSION | GO FORTH AND CONQUER
結 語 | 前 進 與 征 服

謝謝你加入這段邁向把妹達人之旅。讀完這本書,你現在有了把妹社群提供的一些最佳資訊、戰術、策略與知識當作武器。我很榮幸能跟你分享。

當然,看書是一回事,實踐求愛藝術又是另一回事,尤其人類的社交互動跟反應相當難以預測(就像閱讀性愛指南跟實際做愛之間的差別)。所以我必須再次強調出門投入現場、透過長期的臨場演練以琢磨遊戲技巧的重要性。

用運動的比喻來說,明星運動員不是一夕之間造成的,他花了多年時間練習拋接球、踢足球、長跑,任何專業領域所需的事情。例如頂尖職籃選手詹姆士(LeBron James)的各方面球技就磨鍊了許多年,當時機到來,他必須在終場哨聲響起時,投出致勝的一球,觀眾都在尖叫,三個防守球員朝他飛撲,但他早已知道該怎麼做了。藉著無窮的練習,用求愛藝術的術語來說,他把手法標準化到了不可思議的純熟度。

我跟其他「明星級」把妹達人也是如此:我們得練習到技巧爐火純青為止。就像球場上的詹姆士,我在現場很少遇到困擾我的事,因為我已經什麼都看過而且練習過了。他要通過障礙,經常需要隊友幫助,以便擊中目標得分。我也是。

但無論你在搭訕遊戲中得分多少次,最驚人的還是一路上你對自己的了解。當你移除現場的障礙,你會發現,連生活上的其他方面也比較容易克服障礙,包括你的工作與財務——甚至你說得出來的任何方面。我這麼說

吧：如果我能解除兩、三個障礙的武裝，在夜店把到一個完全遙不可及的超級名模，你認為我在工作或某種交易中面對難搞的人還會被唬住嗎？絕對不會。

除了練習把妹，務必還要不斷自我進修，因為永遠有很多該學的東西。（事實上，我每天都學到關於把妹的新東西，所以才能有系統性地每六個月更新我自己的方法學。）我舉辦謎男方法研討會、實習課程，還有菜鳥訓練營，如果你不克參加，我也設計了五片本書附屬教材DVD，叫做《謎男的影片檔案》（Mystery's Video Archive），內容是我跟其他求愛藝術家把書中技巧應用在現場的情形。參閱mysterymethod.com網站就可以得知這些產品跟服務的詳情。

後會有期，繼續努力！

# 本 書 將 會 改 變 你 的 人 生 ！

謎男方法已經幫助過全世界成千上萬的男士成為美女殺手。幫他們成功就是我的天命，你也是。

所以，我們的旅程還沒結束⋯⋯

為了初學者，我們準備了本書的額外章節供免費索取，有比較多可以現學現賣的開場白、慣例跟戰術。請上www.getattraction.com/members並輸入這個號碼：0312360118，我們會立刻email給你。

你也可以看到免費的網站內容：

· 我轟動武林的把妹研討會影片，內容是我初次傳授男人吸引女人的秘訣──其中許多人後來成為頂尖的把妹達人。

· 謎男方法的高階講師們利用用本書技巧來搭訕女人的現場紀錄片。

· 我們的網路論壇，你可以在此發問、分享看法跟戰術，或徵求當地僚機跟你一起出征。裡面充滿了寶貴的知識。

祝你的修練旅程與未來的戀情一切順利，把優質美女帶進你的生活中。

愛你們的

謎男

# Glossary

把妹術語一覽表

**Accomplishment introduction 成就介紹**

由僚機向組合初次介紹把妹達人的方式，傳達出他的名號以及他做過的豐功偉業。例如「這是謎男，他曾經在尼加拉瀑布上空漂浮喔。」

**Advanced group theory 先進團體理論**

在現場融合不同團體的技巧。

**AFC（Average frustrated chump）受挫的拙男**

搞不清楚狀況的男人，容易把女人供在高台上，讓她們盡情踐踏的好人。很難搞定他的目標。

**ASD（Anti-slut defense） 反蕩婦防衛機制**

女人腦中高度標準化的電路，一種用來避免被人視為蕩婦、也避免感覺自己像個蕩婦的干擾機制。

**Approach anxiety 接近焦慮**

男人即使有想跟高繁殖價值的女人交配的強烈慾望，仍然想要逃離她的衝動。

**Approach invitation 接近邀請**

女人暗示希望你靠近她身邊的眼神接觸或其他行為。

**Arbitrary target 隨意目標**

純粹為了練習而非出於肉慾去追求的目標。

**Bait-hook-reel-release 引誘─上鉤─收線─釋放**

形容應用服從性測試、篩選、合格台詞與其他A3階段技巧的比喻。

**Blurring 呼嚨**

現場的女人經常給你無效的電話號碼來呼嚨你。

**Body rocking 身體搖動**

利用肢體動作暗示你即將離開組合。

**Bounce 護送**

你跟女人一起轉換場地。

**Buyer's remorse 事後反悔**

前戲之後，性交之前，女人覺得自己被逼迫或自己太急太衝動而突發的反悔。

**Calibration 標準化**

社交直覺，藉著在現場花費的時間進行微調，讓把妹達人在社交行為發生前得以預測。

### Canned material 罐裝材料

已經內化、隨時可用在組合中的特定價值展示慣例，這樣的慣例就是現成的把妹招數。

### Cat theory 貓繩理論

讓「誘餌」保持在女人可及範圍之外，持續用小量引誘她。必須讓她中計追逐，就像貓咪追逐繩子。

### Comfort-building location 建立舒適感地點

你跟目標，或許再加上幾個朋友，可以進行長時間對話的僻靜之處。

### Compliance momentum 服從動能

讓目標跳進越來越大、越頻繁的圈套之過程。反義詞是負面服從動能。

### Compliance testing 服從性測試

要求目標做某件事以測量她對你的興趣。

### Compliance threshold 服從門檻

區分她會或不會照你測試的一連串要求而行動的分隔點。

### Congruence testing 一致性測試

現場的女人有意或無意的篩選行為，用來分辨男人是否能夠妥善供養並保護她跟子女。

### Consistency principle 一貫性原則

跟你互動時，女人比較容易維持她已經習慣的行為跟框架。例如，女人在你縮手之前沒有開口制止你觸摸她，那麼下次可能也不會。

### Conspiracy 共謀

你跟目標之間共有的框架，特徵是私密笑話、綽號、越來越強的聯繫感。

### Courtship 求愛

展開性關係的過程──「從邂逅到上床」。

### Cutting the thread 切斷話題

結束對你的目的不再有用的話題，並引進一個新話題取代。

### Decimal rating scale 十進位評價系統

純粹根據外表評價女性目標的方式，6分代表還OK，10分代表超級名模。把妹達人絕對不碰6分以下的人。

### DHV（Demonstration of higher value） 展示高度價值

任何傳達出較高的生存與繁殖價值之行為。

### DLV（Demonstration of lower value） 展示低價值
任何傳達出低落的生存與繁殖價值之行為。

### Disarm 解除武裝
藉著否定目標，在目標朋友的眼中暫時解除自己的威脅性。

### Discretion 謹慎
不吹噓自己的性愛征服史。唯有確信不會有社交後遺症，女人才比較願意從事性冒險。

### Dynamic social homeostasis 動態社交平衡
所有社交動物都追求在自我保護與社交結盟之間取得的完美平衡狀態。

### Emotional stimulation 情感刺激
讓女人因為某件事「感覺對了」而回應你，即使不一定有道理。反義詞是「理性對話」。

### End-game 結尾遊戲
求愛的第三個也是最後一個階段。

### Engine of survival 生存動機
大自然長期建立的必要前提，世上所有生存演化的物種都必須繁殖。

### External interrupt 外來干擾
組合的內部動力突然改變，通常是因為某人出現。

### False disqualifier 假性失格台詞
對目標有解除武裝效果的台詞，同時展示自信、樂趣、別無企圖跟脾睨的態度。

### False time constraint 假性時間限制
在目標心中細心醞釀的幻覺，彷彿你馬上要離開了。

### Fool's mate 愚人的笨招
先誘惑再說的戰術，通常只對喝醉或特別花痴的女人有效。若女方的社交經驗越豐富，成功機率越低。

### Fool's mate fantasy 愚人笨招的幻想
誘惑者指望認識女人然後帶她去廁所之類的地方打砲，算是愚人笨招的一部分，不是正確的遊戲。

### Frame 框架
你講話之中的潛在意義、周邊情境、暗示、沒有明講的假設。框架賦予了內容的意義。

**Frame games** 框架遊戲

人們表達自我假設的各種行為徵兆與蛛絲馬跡。

**Freeze-out** 冷凍

故意使用無興趣指標製造彆扭感，這是訓練女人不要作出壞行為的方法。

**Friend** 朋友

花時間吸引並熟悉女人之後，卻害怕表達自己愛慕之意的男人。

**Friendship Zone** 友誼區

當女人太習慣男人非情慾的建立舒適感行為，寧可跟他保持現狀。如果她說：「我們還是當朋友就好……」你就是困在友誼區了。

**Gaming locations** 遊戲地點

求愛過程中你跟你的目標可能去的所有地方。

**Great collapse** 大崩盤

失控螺旋所造成的疾病、貧窮、孤寂。

**Grounding** 背景植入

提供目標造就你目前狀況的背景故事，讓她可以更認同你。

**Group theory** 團體理論

把社交力學與M3模型應用在公共場所的三教九流人士。

**Having Standards** 有標準

你行為中的細微徵兆，設定為你是個挑剔、高價值男人的框架。

**Hierarchy of needs** 需求層級

心理學家馬斯洛的理論，認為人類動機出自欲求不滿，必須先滿足較低階的需求才可能滿足高階的。

**Hired gun** 受雇槍手

在邂逅地點因為美貌而被雇用的女性，例如女服務生、擲骰女郎、促銷模特兒。

**Hoop** 圈套

某人製造或要求以測試你會不會為他／她「中計」的事情。

**Incongruence** 矛盾

你說的內容跟說的方式不搭調的現象。

## IOD（Indicator of disinterest）無興趣指標

大多數是非口語跡象，表示這女人不被你吸引。

## IOI（Indicator of interest） 興趣指標

大多數是非口語跡象，表示女人被你吸引了。這類指標可能是「被動」（她沒做的事）、「主動」（她做的事）或甚至「假性」的。

## Inner game 內部遊戲

你的框架的內在力量。

## Internalization 內化

練習謎男方法的各種技巧，直到變成反射動作的過程。

## Investment 投資

女人跟你牽涉多深的程度，投資可以分成財務、時間、情感、心力等方面。

## Kino 進挪

任何形式的肢體接觸，「動覺」（kinesthetic）的簡稱。

## Kino escalation 進挪升高

越來越親密的肢體接觸。

## Kino pinging 進挪迴響

兩個人從互相鬥嘴，升高到輕微戲謔的推擠，顯示雙方吸引力越來越強的現象。

## LMR（Last-minute resistance） 最後一刻的抵抗

女人即將跟男人初次上床之前發生的抵抗行為，是她的最後一道防線。

## LMR threshold  LMR門檻

女人要不要跟你嘿咻的分界線，每次的狀況都不同。

## Leader of men 雄性領袖

當女人看見一個男人領導其他男人而被觸動的吸引力開關。

## Lock-in prop 鎖定道具

交給目標的具體物品（例如帽子或圍巾），用來讓她比較難以離開組合。

## M3 Model  M3模型

謎男方法的一部分，描述男女從邂逅到發生性關係的求愛過程。

## Martial arts 武術

自衛的藝術，有助於生存。

**Meeting location 邂逅地點**

任何比較有機會認識女人的場所。可供遊戲的女人數量多寡，會造成這個地點「充滿目標」（target rich）或「缺乏目標」（target poor）。

**Merge backward 逆向融合**

打開先前的組合，把你現在的組合融入其中。

**Merge forward 順向融合**

打開新組合，把你現在的組合融入其中。

**Mid-game 中場遊戲**

求愛的中間階段。

**Move 移動**

在目前的場地內部把女人帶到不同的區域。

**Moxie 勇氣**

有創意的勇氣，讓求愛藝術家永遠能夠主導互動。

**Multiple conversational threads 多重對話脈絡**

像老朋友一樣以非線性方式交談。連跟新朋友也這麼做，就能製造你們已經是老朋友的錯覺。

**Naturalization phase 自然化階段**

讓背誦的慣例能自然表現出來所需的一段練習時間。

**Neg 否定**

輕微但負面的表示，用來讓目標解除心防、質疑自己的價值，相對地增加你的價值。

**Nice guy 好好先生**

又稱「好人」，在產生吸引力之前就尋求舒適感的男人。

**Obstacle 障礙**

你的目標身邊的親友。

**Opener 開場白**

用來吸引團體注意、讓他們接納你在場的簡短故事或敘述。開場白可以是「直接」的，例如告訴目標她很漂亮（不予建議）；或「間接」的，讓目標不知道你對她有興趣（建議這麼做）。

**Orbiter 衛星**

假裝是美女的朋友，其實心裡想要上她的好好先生。

**Pawn 抵押**

為了增加成功率，先行搞定以便帶到下個組合去的女人。通常可用來解除防護罩。

**Peacocking 扮孔雀**

在現場穿戴誇張的服飾向女人宣揚你的生存能力，表示你不怕社會壓力，以便展示高度價值。

**Pecking 啄米**

每次目標說了什麼話就往前傾的動作。千萬別這麼做！

**Pickup 搭訕**

求愛的第一個階段。

**Plausible deniability 合理的推諉**

讓女人覺得任何可能發生的事都是「你的」責任，不是她的，所以「不是她的錯」。

**Player Traps 玩家陷阱**

共有三種：（1）無法把互相吸引合理化（2）無視舒適感（3）女方事後反悔。

**Preselection 預選**

當女人看見你已經獲得其他女人認同，而被觸動的吸引力開關。

**Protection shield 防護罩**

隨著時間累積的保護策略，讓女人可以免於常被男人搭訕。

**Proximity 逼近**

肢體上的接近，通常是興趣指標。

**Rationalization 合理化**

女人用來正當化自己行為的心理過程，無論是毫無愧疚地欺騙男友或出門「只是去跳舞」，其實是她們的情感電路促使她們尋求繁殖機會。

**Replication 繁殖**

把一個人的基因傳遞到子女身上。

**Routine stack 慣例庫**

在現場使用的一連串罐裝材料、一個開場白、幾個慣例、一些絕招之類的。

### Seducers 誘惑者

缺乏經驗，只想在吸引到女人之前就跟她上床的男人。

### Seven-hour Rule, The 七小時法則

女人準備好接受誘惑之前累計所需的建立舒適感時間，平均長度七小時。

### Sex location 性愛地點

把妹達人與目標發生性行為與其他親密接觸的地方，通常是自家臥室或飯店房間。

### Social alignments 社交聯盟

人們為了提昇自己生存與繁殖機會而建立的友誼與其他關係。

### Social hook point 社交上鉤點

把妹達人展示出足夠價值之後變成組合成員的門檻。

### Social proof 社交認證

顯示別人對你的評價很高，反過來說，你也可能有負面社交認證。

### Social robot 社交機器人

缺乏與別人自然互動之能力的人。

### Solid Game 正確的遊戲

遵守謎男方法建議的步驟而把到目標。反義詞是愚人的笨招。

### Spiraling 螺旋

至少一個焦點領域被忽視太久而導致的失控連鎖反應。

### Statement of interest 興趣聲明

明確的口頭聲明，顯示你對目標的興趣越來越強。

### Sticking points 破綻

求愛藝術家的遊戲手法中，可能造成麻煩的部分。

### Subtext 絃外之音

藉由間接方式暗示的事情。

### Survival 生存

活著，死亡的反義詞。

### Three-second Rule 三秒法則

若無外力干擾（例如有女服務生在場），求愛藝術家必須在發現女人的三秒內著手打開她的組合。此外，他也應該在進入現場三秒內擠進組合裡。

**Time bridge 時間橋樑**

交換聯絡方式，以便在稍後的時間與不同地點繼續追求目標。

**Token resistance 象徵性抵抗**

暫時停止升高肢體接觸，這是女人天生的情緒反應，以免感覺像個蕩婦。

**Try-hard 刻意**

投資了太多明顯可見的努力去展示自我價值。

**Venusian arts 求愛藝術**

跟剛認識的女人搭訕並且成功展開親密關係的技巧，有助於繁殖，奉行者稱之為求愛藝術家。

**Vital areas of focus 重要的焦點領域**

健康、財富與愛這三件事必須滿足，才能實現一個人的人生目標，確保生存與繁殖。

**Waypoint 轉折點**

通常在進入組合三到五分鐘後，你問「那你們是怎麼認識的？」的那一刻。也用來形容遊戲中的開場或孤立等關鍵點，對任何成功上床的組合都是不可或缺的。

**Wing 僚機**

把妹達人的同伴，其主要任務是幫助他順利把到目標。

The Mystery Method

把妹達人之謎男方法 / 謎男（Mystery）作；李建興譯. --初版. --臺北市：大辣出版：大塊文化發行, 2007.12

面； 公分.--（dala sex；19）譯自：The Mystery Method: how to get beautiful women into bed

ISBN 978-986-83558-4-2（平裝）　　1.戀愛 2.擇偶 3.兩性關係　　544.37　　96022146

not only passion

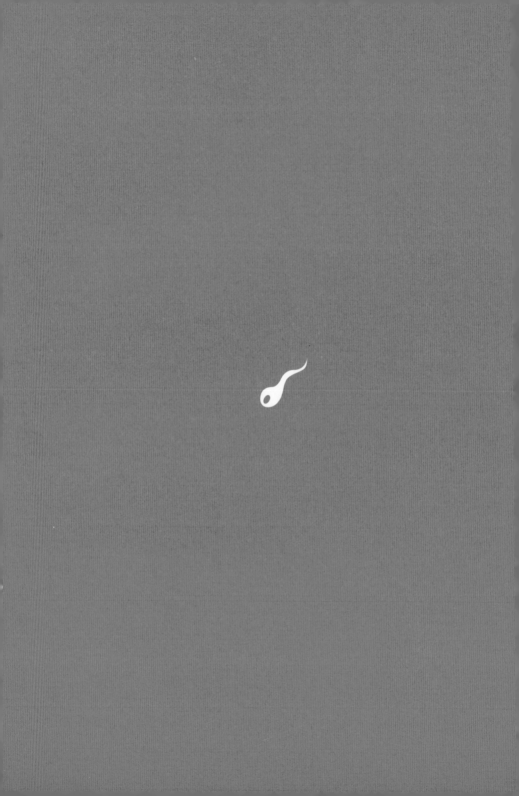

not only passion

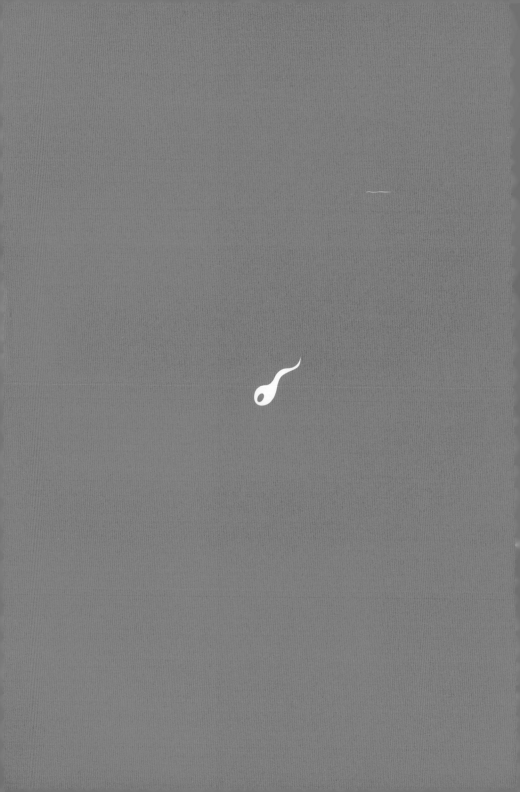